LUCINÉIA ALB BACCARO

Reflexões para ALMA

AUTOR DA FÉ

REFLEXÕES PARA A ALMA
Copyright 2021 Autor da Fé Editora
Categoria: Vida cristã

Primeira edição — 2021

Autor: Lucinéia Alb Baccaro

Projeto Gráfico e editorial: Autor da Fé Editora

Coordenação editorial: Filipe Mouzinho

"O Objetivo das barreiras é parar, o meu é derrubá-las! O objetivo do ódio é a maldade, o meu é amar! O Objetivo das pestes é destruir, o meu é nascer e florescer!"

Sumário

janeiro
EXPECTATIVA

DIA 1
O INÍCIO DE UM NOVO CICLO

"Portanto, se alguém está em Cristo, é nova criação. As coisas antigas já passaram; eis que surgiram coisas novas!"
(2 Coríntios 5:17)

Estamos no começo do ano, tempo de novos planos, novos sonhos, novas conquistas! É o que idealizamos para este período que se inicia. Convido você a apresentar a Deus tudo e todos os seus sonhos e planos, pois tenho a certeza de que Ele já sonhou para você tudo de melhor!

Feche o ciclo do que não deu certo no ano que se passou e potencialize o ciclo novo que está se iniciando com novas oportunidades. Abrace o novo!

DIA 2
CONFIAR EM DEUS

"Os que confiam no Senhor são como o Monte Sião, que não se pode abalar, mas permanece para sempre. Como os montes cercam Jerusalém, assim o Senhor protege o seu povo, desde agora e para sempre."
(Salmos 125:1–2)

Confiar em Deus é um grande passo, pois Ele nos abençoa e nos fortifica para tudo que teremos que enfrentar durante a vida. Isso não quer dizer que não teremos momentos de dificuldades, mas, sim, que poderemos enfrentá-los com a confiança de que sempre há um Ser supremo a nos proteger. Mesmo que os ventos da vida sejam fortes, com Ele não seremos grandemente abalados.

Confie sempre, Deus irá te proteger!

DIA 3
DEUS É SEMPRE FIEL

"Deus não é homem para que minta, nem filho de homem para que se arrependa. Acaso ele fala e deixa de agir? Acaso promete e deixa de cumprir? Recebi uma ordem para abençoar; ele abençoou, e não o posso mudar. Não há magia que possa contra Jacó, nem encantamento contra Israel. Agora se dirá de Jacó e de Israel: 'Vejam o que Deus tem feito!'"

(Números 23:19,20–23)

Gosto muito desses versículos, porque eles afirmam a fidelidade de um Deus que *não mente e nem muda o que prometeu*. Ele permanece fiel mesmo quando ainda somos infiéis.

Se você tem alguma promessa do Senhor para a sua vida que ainda não se cumpriu, *não ache que está demorando*, afinal, Ele tem o momento certo para agir. Creia e confie, pois Ele *é fiel para cumprir o que prometeu.*

Não há nada que possa roubar os desígnios de Deus em sua vida, nem mesmo a inveja ou a maldade alheia, pois Ele *é maior do que qualquer vento contrário*, além de ser um Pai de Amor bondoso, que quer somente o melhor para Seus filhos. Basta crer e andar em Seus caminhos que as promessas feitas por Ele se cumprirão.

DIA 4
ANDANDO NOS CAMINHOS DO SENHOR

"Os justos florescerão como a palmeira, crescerão como o cedro do Líbano; plantados na casa do Senhor, florescerão nos átrios do nosso Deus. Mesmo na velhice darão frutos, permanecerão viçosos e verdejantes para proclamar que o Senhor é justo. Ele é a minha rocha; nele não há injustiça."

(Salmos 92:12–15)

Os caminhos do Senhor só nos darão anos de vida e paz. Precisamos estar continuamente agarrados aos Seus ensinos, pois eles nos apontarão direções mais assertivas e prósperas. Ainda que estejamos na velhice, poderemos colher os frutos do que plantamos tanto no âmbito espiritual quanto no material.

Coloco-me a pensar que a maior bênção que poderemos ter na velhice é ver nossos filhos e netos encaminhados no caminho do Senhor. Estou certa de que esse é o bem maior e o mais poderoso legado que podemos deixar para as próximas gerações!

DIA 5
A VERDADEIRA ALEGRIA E CONTENTAMENTO

"E quando Deus concede riquezas e bens a alguém e o capacita a desfrutá-los, a aceitar a sua sorte e a ser feliz em seu trabalho, isso é um presente de Deus. Raramente essa pessoa reflete no fato de que a sua vida é curta, porque Deus o mantém ocupado com a alegria do coração."

(Eclesiastes 5:19–20)

Nesses versos, Salomão não se refere só a bens materiais, mas ao contentamento com tudo o que temos e somos. Sabe aquela paz de alma que não tem dinheiro que pague e que nem o lugar mais lindo do mundo pode te dar? É nisso que te convido a refletir! Valores de ordem espiritual são os únicos que levaremos daqui para a eternidade.

DIA 6
SEJA GRATO PELO DIA DE HOJE

"Este é o dia que o Senhor fez; nos alegraremos nele."

(Salmos 118:24)

Gratidão a Deus por sempre ouvir minhas orações e andar comigo. Para mim, alegria é mais que um sentimento, é um exercício de fé; posso me manter alegre mesmo em meio às adversidades da vida; posso até estar triste e chateada, mas só de me lembrar que tenho um Deus soberano que está no controle de todas as coisas, sou revigorada.

Nesse salmo, Davi teve vitória em uma guerra contra seus inimigos. Assim devemos celebrar quando uma adversidade da vida nos atacar — podemos confiar que temos um Deus soberano que nos ouve e nos dará a vitória! Podemos viver o hoje com satisfação e ter confiança de que a nossa vitória também chegará.

Viva o hoje e abrace o amanhã com alegria. Viva como se sua batalha já tivesse sido vencida! Isso fará toda a diferença!

DIA 7
DEUS CUIDA DE VOCÊ

"Sei que a bondade e a fidelidade me acompanharão todos os dias da minha vida, e voltarei à casa do Senhor enquanto eu viver."

(Salmos 23:6)

Particularmente, amo esse versículo, e a cada dia testemunho o cuidado e a proteção do Deus que nos conduz com bondade e amor. Como é bom ter a certeza de tê-Lo acompanhando nossa vida se preocupando com cada detalhe. Mesmo nos dias mais incertos você possa ter a certeza de que Ele está cuidando de você. Creia: Ele cuida de você!

DIA 8
NÃO SE ESQUEÇA DA PALAVRA DE DEUS

"Meu filho, não se esqueça da minha lei, mas guarde no coração os meus mandamentos, pois eles prolongarão a sua vida por muitos anos e lhe darão prosperidade e paz. Que o amor e a fidelidade jamais o abandonem; prenda-os ao redor do seu pescoço, escreva-os na tábua do seu coração. Então você terá o favor de Deus e dos homens, e boa reputação."

(Provérbios 3:1–4)

A lei do Senhor nos protege e nos ensina sempre. Esse versículo nos aconselha a não nos esquecermos dela e a guardarmos a Palavra. É como receber um presente que usaremos em algum momento ou um conselho que nos ajudará a tomar decisões corretas. Assim é a Escritura: ela nos guia em tudo, desde uma decisão muito séria até as escolhas simples da vida. Seguir o conselho do Senhor nos trará caminhos mais assertivos e de muita paz!

DIA 9
FOQUE O SEU OLHAR NAS COISAS BOAS DA SUA VIDA

"Os olhos são a candeia do corpo; quando os seus olhos forem bons, igualmente todo o seu corpo estará cheio de luz. Mas quando forem maus, igualmente o seu corpo estará cheio de trevas. Portanto, cuidado para que a luz que está em seu interior não sejam trevas."

(Lucas 11:34–35)

Como toda a *Bíblia é rica de ensinamentos*! Esses versículos nos ensinam a focar nas coisas boas, a voltar nosso olhar para aquilo que nos faz bem, a não vislumbrar apenas aquilo de ruim que está acontecendo ou que estamos passando, mas potencializar o que é positivo. Isso nos dará mais tranquilidade e fará bem para todo o nosso corpo.

Você sabia que a Neurociência diz que o nosso cérebro não separa o que é passado, presente e futuro? Então, quando ficamos muito no passado ou no futuro, para o nosso cérebro, estamos revivendo o que foi bom ou mau. Ruminar experiências ruins fará com que seu corpo sofra novamente, provocando aumento cardíaco e cortisol em níveis mais altos, aumentando seu estresse. Quando focamos nas coisas boas, porém, todo o nosso corpo trabalha em equilíbrio.

DIA 10
DEUS SABE O MOMENTO CERTO DE NOS ABENÇOAR

"Eu as abençoarei e abençoarei os lugares em torno da minha colina. Na estação própria farei descer chuva; haverá chuvas de bênçãos. As árvores do campo produzirão o seu fruto, e a terra produzirá a sua safra; o povo estará seguro na terra. Eles saberão que eu sou o Senhor."

(Ezequiel 34:26)

Vemos, nesse versículo, que Deus tem uma aliança com o Seu povo e promete chuvas de bênção nas estações certas. O capítulo 34 de Ezequiel fala dos pastores infiéis *que não cuidavam das suas ovelhas direito*, deixando-as machucadas no meio do caminho. Deus, entretanto, *é o nosso bom pastor*. Ele cuida de nós com muito amor e proteção. Podemos até pensar que algo que estamos esperando dEle está demorando, mas como Ele é onisciente e onipotente, sabe a hora de nos abençoar. Entregue e confie, pois tudo tem o momento e a estação certa para acontecer.

DIA 11
DEUS CUIDA DE NÓS EM CADA DETALHE

"Eis que envio um anjo à frente de vocês para protegê-los por todo o caminho e fazê-los chegar ao lugar que preparei."
(Êxodo 23:20)

Quando entregamos nossas vidas a Deus e permanecemos em Seus caminhos, podemos ter a certeza de que Ele cuida e nos protege de todo mal. Nesse versículo, o Senhor estava guiando o povo de Israel em pleno deserto para a terra que lhes tinha prometido, Canaã.

Em meio a todo o deserto por onde passaram, o Senhor não faltou com Sua fidelidade: enviou maná do céu, fez jorrar água da rocha, e até suas roupas e sandálias iam crescendo, acompanhando as mudanças do corpo. Durante o dia, o Senhor ia adiante deles, numa coluna de nuvem, para guiá-los no caminho; de noite, numa coluna de fogo, para iluminá-los, de modo que eles pudessem caminhar em qualquer ocasião. Enfim, o Senhor cuidou de cada detalhe para que eles não perecessem no deserto.

Assim é em nossa vida: enquanto vivermos aqui, estaremos sujeitos a passar por diferentes dificuldades, mas podemos ter a convicção de que Deus enviará anjos em forma de pessoas para nos auxiliarem em toda a nossa jornada terrena e ainda nos levará para o lugar de abundância, cumprindo com o que prometeu.

Desfrutando a jornada, você perceberá cada detalhe divino, mesmo diante dos desertos que terá que enfrentar.

DIA 12
A GRANDEZA DA MISERICÓRDIA E DA GRAÇA DE DEUS

"As misericórdias do Senhor são a causa de não sermos consumidos, porque as suas misericórdias não têm fim; novas são cada manhã; grande é a tua fidelidade."
(Lamentações 3:22–23)

Ah, o grande amor de Deus e a Sua graça por nós!

Graça: estender bondade aos indignos, ou seja, o favor imerecido. O bem que não merecemos, Ele faz por nós.

Misericórdia: *é a libertação do julgamento,* ou seja, do mal que merecemos, Ele nos livra, anulando-o.

Por isso, podemos ver o quanto é grande a sua misericórdia e graça para conosco, pois Sua palavra se renova a cada manhã. *Não temas! Cada amanhecer traz algo novo de Deus para você.*

DIA 13
NÃO TENHA MEDO DAS MÁS NOTÍCIAS

"O justo jamais será abalado; para sempre se lembrarão dele. Não temerá más notícias; seu coração está firme, confiante no Senhor."
(Salmos 112:6–7)

Diante do cuidado e do amor de Deus por nós, não devemos temer as más notícias. Ele nos promete o renovo de Sua misericórdia e graça a cada manhã, como vimos anteriormente. Quando as más notícias chegarem, como não estamos imunes a elas, às crises financeiras, enfermidades, preocupações com os filhos etc. em nossa trajetória, podemos crer em um Deus que está conosco e nos manter confiantes de que Ele nos dará as melhores soluções.

DIA 14
VIVA TODOS OS DIAS PARA CRISTO, E NÃO PARA SI MESMO

"E ele morreu por todos para que, aqueles que vivem, já não vivam mais para si mesmos, mas para aquele que por eles morreu e ressuscitou."
(2 Coríntios 5:15)

DIA 15
DEUS NÃO PERDEU O CONTROLE

"Se eu fechar o céu para que não chova ou mandar que os gafanhotos devorem o país ou sobre o meu povo enviar uma praga; se o meu povo, que se chama pelo meu nome, se humilhar e orar, buscar a minha face e se afastar dos seus maus caminhos, dos céus o ouvirei, perdoarei o seu pecado e curarei a sua terra. De hoje em diante os meus olhos estarão abertos e os meus ouvidos atentos às orações feitas neste lugar."
(2 Crônicas 7:13–14)

Esses versículos muito me fizeram pensar sobre a pandemia. Quando tudo começou a acontecer, com o surgimento da Covid-19, e depois com a ameaça da chegada dos gafanhotos ao Brasil, uma coisa ficou muito clara para mim: que Deus é soberano e está acima de tudo e de todos.

Fico pensando que isso seja de ordem material, com os chineses tentando controlar a economia mundial e perdendo o controle (isso é só uma hipótese). Independentemente da razão que ocasionou tudo isso, o fato é que só há uma verdade: o mundo espiritual existe. Se Deus permitiu que isso tudo ocorresse, é porque Ele tem um motivo, afinal, *não cai uma folha sem* a permissão dEle e até os fios de nossos cabelos estão contados.

Creio que Ele esteja nos mostrando que todos nós fazemos parte de um mesmo corpo. Ele nos coloca em uma régua onde todos somos iguais, uns dependentes dos outros. Não existe posição social, negro ou branco, rico ou pobre, posições acadêmicas, mas sim igualdade. Precisamos uns dos outros!

DIA 16
COMO VIVER UMA VIDA FELIZ

"Bem-aventurados os pobres em espírito, pois deles é o reino dos céus. Bem-aventurados os que choram, pois serão consolados. Bem-aventurados os

humildes, pois eles receberão a terra por herança. Bem-aventurados os que têm fome e sede de justiça, pois serão satisfeitos. Bem-aventurados os misericordiosos, pois obterão misericórdia. Bem-aventurados os puros de coração, pois verão a Deus. Bem-aventurados os pacificadores, pois serão chamados filhos de Deus. Bem-aventurados os perseguidos por causa da justiça, pois deles é o reino dos céus. Bem-aventurados serão vocês quando, por minha causa, os insultarem, perseguirem e levantarem todo tipo de calúnia contra vocês. Alegrem-se e regozijem-se, porque grande é a recompensa de vocês nos céus, pois da mesma forma perseguiram os profetas que viveram antes de vocês."

(Mateus 5:3–12)

DIA 17
CUIDADO COM A MURMURAÇÃO, SEJA GRATO!

"Reconheçam isso hoje, e ponham no coração que o Senhor é Deus em cima nos céus e embaixo na terra. Não há nenhum outro. Obedeçam aos seus decretos e mandamentos que hoje eu lhes ordeno, para que tudo vá bem com vocês e com seus descendentes, e para que vivam muito tempo na terra que o Senhor, o seu Deus, lhes dá para sempre."

(Deuteronômio 4:39–40)

Nesse trecho, Deus está dando instruções ao povo de Israel acerca da obediência à Sua palavra, clamando para que eles não se esqueçam dos inúmeros sinais e maravilhas realizados enquanto estavam no deserto.

Em alguns momentos, também atravessamos os desertos da vida, mas podemos aprender com essa passagem. Assim como o Senhor abençoou aquelas pessoas em meio às mais duras provas que sofreram por 40 anos, providenciando livramento e cuidado, ainda que fossem desobedientes e murmuradoras — fato que justifica tamanha demora na travessia delas pelo deserto —, Ele é capaz de usar Sua benevolência e providenciar cada detalhe necessário à nossa jornada. A única ordem é obedecer a Deus e ouvir a Sua voz, pois Ele sempre sabe o que é melhor.

Quando passamos pela mesma dificuldade durante um tempo, devemos nos questionar se estamos no caminho certo. Será que consultamos a Deus a respeito das decisões que tomamos? Será que não estamos reclamando demais enquanto temos vários motivos para agradecer?

DIA 18
JESUS É AQUELE QUE NOS DÁ DESCANSO DAS CARGAS DA VIDA

"Venham a mim, todos os que estão cansados e sobrecarregados, e eu lhes darei descanso. Tomem sobre vocês o meu jugo e aprendam de mim, pois sou manso e humilde de coração, e vocês encontrarão descanso para as suas almas, pois o meu jugo é suave e o meu fardo é leve."

(Mateus 11:28–30)

Jesus estava instruindo Seus discípulos nessa passagem e a nós também: enquanto vivermos aqui, em algum momento, teremos bagagens pesadas para carregar; no entanto, se caminharmos com Jesus, poderemos descansar, pois Ele alivia nosso peso, é cheio de graça e amor e tem muita paz para nos oferecer.

DIA 19
JESUS, O BOM PASTOR

"O ladrão vem apenas para furtar, matar e destruir; eu vim para que tenham vida, e a tenham plenamente. Eu sou o bom pastor. O bom pastor dá a sua vida pelas ovelhas."

(João 10:10–11)

Muitas coisas durante a nossa caminhada podem nos tirar do foco. Sabemos que temos satanás como adversário, e ele sempre quer nos atrapalhar e nos tirar dos caminhos de Deus, mas Jesus nos orienta e é nosso bom pastor. Se ouvirmos Sua voz, nada nos afastará do Seu amor e bondade.

Podemos viver o melhor dEle nesta vida terrena até que O contemplemos face a face. O Senhor quer que vivamos em abundância. Milhares de coisas lindas foram criadas por Ele neste mundo para que desfrutemos delas!

DIA 20
CAMINHANDO POR FÉ

"Ora, a fé é a certeza daquilo que esperamos e a prova das coisas que não vemos. Pela fé entendemos que o universo foi formado pela palavra de Deus, de modo que o que se vê não foi feito do que é visível."

(Hebreus 11:1)

A Palavra diz que: ainda que a nossa fé seja do tamanho de um grão de mostarda, podemos transportar montanhas por meio dela. *A fé nos leva a crer no impossível e a visualizar o invisível até que ele se torne real.*

Muitas coisas que vivo hoje foram geradas por meio da fé, do ouvir Sua palavra, dos conselhos que recebi do Pai para viver uma vida abundante de fé, paz e amor. Isso é o que tenho de mais valioso e que nada nem ninguém pode tirar de mim.

Experimente caminhar com fé, fale tudo para Ele, que tem sempre o melhor para te revelar.

DIA 21
NÃO IMPORTA O SEU PECADO, COMECE SE ARREPENDENDO

"Assim sendo, aproximemo-nos do trono da graça com toda a confiança, a fim de recebermos misericórdia e encontrarmos graça que nos ajude no momento da necessidade."

(Hebreus 4:16)

Há uma bênção e um privilégio ao nos achegarmos diante do trono da graça de Jesus através das nossas orações. Ele não faz acepção de pessoas, basta nos aproximarmos com confiança. Você pode pensar que tem muitos pecados e que, por isso, Ele não irá te ouvir, mas comece se arrependendo. Ele é fiel e justo para nos perdoar e com certeza te ouvirá e responderá, dando-lhe a ajuda necessária.

DIA 22
NEM TODOS QUE FALAM EM NOME DE DEUS SÃO DE DEUS

"Tenho-lhes dito tudo isso para que vocês não venham a tropeçar. Vocês serão expulsos das sinagogas; de fato, virá o tempo quando quem os matar pensará que está prestando culto a Deus. Farão essas coisas porque não conheceram nem o Pai, nem a mim. Estou lhes dizendo isto para que, quando chegar a hora, lembrem-se de que eu os avisei."

(João 16:1–4)

Jesus estava avisando o que aconteceria no futuro: as pessoas se distanciariam de tal forma da verdadeira palavra de salvação e amor que se deixariam ser enganadas por falsos profetas que se autodenominavam religiosos fiéis. É o que vemos nos dias de hoje: muitos pregando em nome de Jesus, mas por interesse em dinheiro, posição social, status etc. Enfim, até matam em nome dEle! Jesus já nos alertou há mais de dois mil anos sobre esse cenário.

Não se deixe enganar, pois nem todos os que falam em nome de Deus estão com o coração voltado para Ele. Peça discernimento. Que o Espírito Santo revele a você o que é realmente verdadeiro e que vem da parte de Deus.

DIA 23
JESUS É O ÚNICO CAMINHO PARA A SALVAÇÃO

"Não há salvação em nenhum outro, pois debaixo do céu não há nenhum outro nome dado aos homens pelo qual devamos ser salvos."

(Atos 4:12)

Não há nenhum outro Deus que reine soberanamente e que tenha um projeto de salvação para a humanidade. Foi Jesus que morreu e, no terceiro dia, ressuscitou para a justificação dos nossos pecados, dando-nos a possibilidade de morarmos eternamente com Ele. Cristo é o caminho, a verdade e a vida, não há outro que nos trate com tanto amor! Convido você a buscá-Lo e conhecê-Lo mais. Você se surpreenderá com o tanto de graça que Ele tem para te oferecer!

DIA 24
MOMENTOS DE TRISTEZA NOS TRAZEM GRANDE APRENDIZADO

"Um bom nome é melhor do que um perfume finíssimo, e o dia da morte é melhor do que o dia do nascimento. É melhor ir a uma casa onde há luto do que a uma casa em festa, pois a morte é o destino de todos; os vivos devem levar isso a sério! A tristeza é melhor do que o riso, porque o rosto triste melhora o coração."

(Eclesiastes 7:1–3)

Complexo, mas verdadeiro! Quando estamos com o coração aflito, isso desperta em nós reflexões, de modo que damos mais valor a certas coisas com as quais, se estivéssemos alegres, não nos importaríamos.

Tire do seu momento de tristeza algo bom, algo que *não pode ser aprendido em um* estado de euforia.

DIA 25
SEJA SÁBIO E APROVEITE AS OPORTUNIDADES PARA APRENDER

"A sabedoria, como uma herança, é coisa boa e beneficia àqueles que veem o sol. A sabedoria oferece proteção, como o faz o dinheiro, mas a vantagem do conhecimento é esta: a sabedoria preserva a vida de quem a possui."

(Eclesiastes 7:11–12)

Deus nos ensina de uma forma sábia, e devemos aproveitar as oportunidades que a vida oferece para aprendermos. Muitos procuram o sentido de sua existência na fama, na riqueza ou no status social e pensam que serão capazes de durar para sempre. Esquecem-se, porém, de que nada disso é eterno. Quem tem a sabedoria de Deus descobre o real propósito de estar aqui, mesmo que sua caminhada tenha dor e lágrimas.

A adversidade reforça a brevidade da vida e a necessidade de sabedoria. Aprendemos mais sobre Deus nos tempos difíceis do que nos momentos felizes. *Não estou dizendo que dinheiro é ruim*, afinal, sem ele, não conseguimos recursos para a nossa sobrevivência, mas não devemos amar o dinheiro e sim usá-lo com sabedoria.

Sabedoria e o bom caminho prolongarão nossos dias e nos darão anos de vida e paz.

DIA 26
O MAL NÃO IRÁ TRIUNFAR SOBRE O BEM

"Mas os justos se manterão firmes em seus caminhos e os homens de mãos puras se tornarão cada vez mais fortes."

(Jó 17:9)

Aprendemos muito com a história de Jó, que era um homem íntegro e fiel a Deus. *Satanás não estava contente com* a vida dele, de modo que quis prová-lo e obteve a permissão do Senhor para isso.

Jó perdeu tudo que tinha: saúde, família e bens, mas sua fidelidade foi a maior prova contra o argumento de satanás. Então, o Senhor restituiu em dobro tudo que ele havia perdido!

Esta *é mais uma* verdade: o mal não irá triunfar sobre o bem. O que Deus designou para a sua vida é seu. Alguns podem até tentar roubar, mas serão frustrados. Onde há a presença de Deus, nenhum mal pode prevalecer.

DIA 27
NÃO NOS FALTAM MOTIVOS PARA CELEBRAR

"Ofereçam também sacrifícios de comunhão, e comam e alegrem-se na presença do Senhor, do seu Deus."

(Deuteronômio 27:7)

Nosso Deus é festivo e alegre. Em várias partes da *Bíblia*, encontramos instruções para celebrarmos. No Velho Testamento, temos comemorações marcadas por festas, como a Páscoa, a festa da colheita, dos pães, dos tabernáculos ou cabanas, das semanas, além de outras, como casamentos e banquetes, como o que foi oferecido ao filho pródigo.

O Senhor quer nos ver em festa, pois motivos para celebrar *não* nos faltam. Vamos celebrar a vida por tudo que Ele nos tem dado. A alegria faz parte do reino de Deus!

DIA 28
TEMOS UM ADVOGADO FIEL E JUSTO PARA NOS PERDOAR

"Saibam que agora mesmo a minha testemunha está nos céus; nas alturas está o meu advogado."

(Jó 16:19)

Jó sabia da sua inocência e integridade a Deus. Há tempos, existe a crença em um pensamento errôneo que se estende até os dias de hoje, de que qualquer dificuldade enfrentada é fruto de merecimento ou de pecado.

É claro que sofremos pela consequência das escolhas erradas que fazemos, mas nem sempre é assim. As dificuldades nos ensinam, pois nos aproximamos mais de Deus nessas horas. Por estarmos mais próximos dEle, descobrimos o propósito de cada situação que acontece em nossa vida.

Jó sabia da sua inocência e tinha a certeza de que tinha um advogado fiel e justo para abençoá-lo. Assim é em nossas vidas — mesmo quando fazemos escolhas erradas, temos um advogado fiel e justo para nos perdoar e nos abençoar. Podemos nos sentir injustiçados por pessoas ou circunstâncias, mas nada passa de forma despercebida diante dos Seus olhos.

DIA 29
OBEDECER ÀS PALAVRAS DE DEUS

"Pratiquem os meus decretos e obedeçam às minhas ordenanças, e vocês viverão com segurança na terra. Então a terra dará o seu fruto, e vocês comerão até fartar-se e ali viverão em segurança."

(Levítico 25:18–19)

Do início ao fim da Bíblia, temos instruções de Deus para obedecermos à Sua palavra. Ainda que falhemos, Ele pode nos perdoar, de modo que retornemos ao Caminho e ouçamos a Sua voz. Com certeza, teremos muitas coisas boas para desfrutar nesta caminhada, só precisamos nos render a Ele e confiar nos Seus conselhos.

DIA 30
NÃO DEPOSITE A SUA CONFIANÇA EM QUALQUER PESSOA

"Embora a sua conversa seja mansa, não acredite nele, pois o seu coração está cheio de maldade. Ele pode fingir e esconder o seu ódio, mas a sua maldade será exposta em público."

(Provérbios 26:25–26)

É triste saber que existem muitos dissimulados e manipuladores. Esse provérbio nos adverte a identificar tais comportamentos e a *não confiar nossa vida a qualquer um*. Na reflexão de hoje, pense em quem você tem depositado a sua confiança.

DIA 31
O PODER DA GRATIDÃO É TRANSFORMADOR

"Como é bom render graças ao Senhor e cantar louvores ao teu nome, ó Altíssimo, anunciar de manhã o teu amor leal e de noite a tua fidelidade, ao som da lira de dez cordas e da cítara, e da melodia da harpa. Tu me alegras, Senhor, com os teus feitos; as obras das tuas mãos levam-me a cantar de alegria. Como são grandes as tuas obras, Senhor, como são profundos os teus propósitos!"

(Salmos 92:1–5)

Como amo esse salmo! Como é bom acordar e contemplar as maravilhas de Deus — o sol nascendo inédito outra vez, a paz em nosso lar...Procure despertar pela manhã e agradecer diariamente por no *mínimo* cinco coisas que Deus já tenha feito em sua vida e pelas quais você é grato. O poder da gratidão é transformador. Você perceberá outros inúmeros motivos para agradecer e, depois, verá que seus dias não serão mais os mesmos. A alegria brotará de forma extraordinária e você ficará impactado com os feitos do Senhor. *Não deixe que a correria do dia a dia te impeça de ser grato.*

fevereiro

ALEGRIA

DIA 1
VIVA TODOS OS DIAS COM ALEGRIA!

"Este é o dia que o Senhor fez; nos regozijaremos e nos alegraremos nele."
(Salmos 118:24)

Amo esse versículo, pois nos convida a celebrar nosso dia como único. Já fui de guardar roupas, perfumes e joias para ocasiões especiais, mas hoje não faço mais isso. Uso minhas melhores roupas, meus perfumes e o meu melhor como pessoa para viver o meu dia. Quem está ao meu redor sabe como gosto de me arrumar, e faço isso com muita alegria para viver o hoje, pois é nele que estou viva e é nele que realizarei meus sonhos.

Você tem vivido o seu dia ou está apenas passando por ele? Viva com alegria!

Talvez você esteja passando por momentos difíceis, mas lembre-se de que eles são reveladores e nos ensinam sobre o quanto somos fortes. Tire deles as maiores lições!

DIA 2
A ALEGRIA VEM DE UM CORAÇÃO AMÁVEL

"Alegrem-se sempre no Senhor. Novamente direi: alegrem-se! Seja a amabilidade de vocês conhecida por todos. Perto está o Senhor. Não andem ansiosos por coisa alguma, mas em tudo, pela oração e súplicas, e com ação de graças, apresentem

seus pedidos a Deus. E a paz de Deus, que excede todo o entendimento, guardará os seus corações e as suas mentes em Cristo Jesus."
(Filipenses 4:4–7)

Outra vez, o Senhor está dizendo para nos alegrarmos. A alegria vem de um coração amável. Podemos ser alegres mesmo em meio às circunstâncias desafiadoras, apresentando tudo a Ele, que nos promete a paz que excede todo entendimento humano e vem dos céus.

As dores do nosso corpo podem ser curadas pela ciência, mas para as dores da alma só existe um que pode curar: o nosso Deus. Ele quer nos ver alegres!

DIA 3
NÃO DEIXE QUE A ROTINA DIÁRIA ROUBE A SUA ALEGRIA

"Devolve-me a alegria da tua salvação e sustenta-me com um espírito pronto a obedecer."
(Salmos 51:12)

Há tempos em que nos encontramos apáticos, sem alegria e forças. É normal que nos sintamos assim por causa das demandas diárias. Às vezes, corremos o risco de chegar à exaustão. Não deixe isso se tornar frequente.

Se você sabe o que rouba sua alegria e força, procure se reabastecer com aquilo que te faz bem. Nosso cérebro trabalha com um sistema de recompensa: precisamos daquilo que nos causa prazer. Crie um hábito semanal que te proporcione alegria e coloque-o em prática. Você vai ver o quão bem te fará!

Não deixe que as tarefas da sua rotina suguem as suas energias e te façam se esquecer de você mesmo. Aproveite o final de semana para celebrar com a família ou amigos comendo aquele seu prato predileto ou tomando um cafezinho com aquela pessoa que você gostaria de ver há tempos. Enfim, procure algo que te traga alegria e prazer, reabastecendo seu tanque de tranquilidade.

DIA 4
DEUS QUER QUE SEJAMOS FELIZES

"Sempre tenho o Senhor diante de mim; com ele à minha direita, não serei abalado, por isso o meu coração se alegra e no íntimo exulto; mesmo o meu corpo repousará tranquilo."

(Salmos 16:8–9)

Muitas vezes, quando estamos preocupados demais, ficamos com o corpo e a mente pesados, porque os pensamentos ruins e a ansiedade fazem nosso cérebro achar que há um problema a ser solucionado. Por causa disso, os hormônios do estresse são liberados e seus prejuízos fazem com que nossa imunidade deixe o metabolismo mais lento e o cortisol aumente, podendo desencadear um estado depressivo e outras psicopatologias. Deus quer que sejamos felizes!

DIA 5
DEUS SE PREOCUPA COM A NOSSA ALEGRIA

"Portanto, vá; coma com prazer a sua comida, e beba o seu vinho de coração alegre, pois Deus já se agradou do que você faz."

(Eclesiastes 9:7)

Esse versículo reforça que Deus se alegra quando somos felizes. Claro que Salomão não está nos aconselhando a comer ou beber sem equilíbrio, pois a Bíblia nos ensina que em tudo precisamos ter consciência, mas me impactou a preocupação do Senhor com a nossa alegria. Ele sabe que somos seres relacionais, que não vivemos para o isolamento e que existem benefícios quando nos encontramos com a família e os amigos, por isso nos incentiva a celebrar esses momentos que nos trazem satisfação. Pense nisso e seja um bom anfitrião: espalhe alegria!

DIA 6
SEJA UM MENSAGEIRO DE BOAS NOVAS

"Dar resposta apropriada é motivo de alegria; e como é bom um conselho na hora certa!"

(Provérbios 15:23)

Fico refletindo sobre esse provérbio e percebo que nós podemos ser mensageiros das boas novas por onde quer que passemos. Como é bom receber e dar um bom conselho!

Bons conselhos são presentes, desde que tenhamos a prudência de dividir com as pessoas certas nossas dúvidas e anseios.

DIA 7
SEJA PRUDENTE NAS SUAS PALAVRAS

"Quem de vocês quer amar a vida e deseja ver dias felizes? Guarde a sua língua do mal e os seus lábios da falsidade. Afaste-se do mal e faça o bem; busque a paz com perseverança."

(Salmos 34:12–14)

Devemos ser prudentes no que e com quem falamos. A falsidade, infelizmente, existe, e muitas pessoas que estão ao nosso redor podem não querer o nosso bem. Por isso, recebemos este alerta: para termos dias felizes, devemos guardar nossos lábios, pois podemos ser mensageiros da paz ou de contendas.

Quando alguém vier falar mal de outra pessoa para você, não se deixe envenenar, pois tudo na vida tem os dois lados. Incentive essa pessoa a orar e pedir a Deus a direção correta.

Quando surge algum dissabor, particularmente gosto de conversar direto com a pessoa, pois essa é uma forma de resolver a situação. Nem sempre funciona, porque existem aqueles viciados em procurar defeitos nos outros e que gostam de fofocar.

A Neurociência explica que a fofoca mexe com nosso sistema de recompensa no cérebro, libera dopamina, endorfina e traz bem-estar e prazeres falsos, acarretando malefícios. Quer ter dias de paz? Fuja das fofocas, ore para que os fofoqueiros tenham um verdadeiro encontro com Deus e sejam fortes para rejeitar e resistir a essa prática.

DIA 8
BUSQUE A DEUS ANTES DE TOMAR QUALQUER DECISÃO

"Quem examina cada questão com cuidado prospera, e feliz é aquele que confia no Senhor."

(Provérbios 16:20)

Devemos ser prudentes em tudo! Antes de qualquer tomada de decisão, busque em Deus o caminho certo. Temos que examinar todos os lados de uma situação, pesar os prós e os contras e não agir com precipitação.

DIA 9
O QUE É A ALEGRIA?

Alegria é um contentamento que vem da alma e transcende tudo ao nosso redor. Ela é o combustível que nos faz vibrar. Temos que ser atenciosos, pois com certeza há muita coisa a nossa volta que desperta em nós esse sentimento.

DIA 10
TUDO O QUE TEMOS EM NOSSA VIDA É UM PRESENTE DE DEUS. VAMOS DESFRUTAR!

"Descobri que não há nada melhor para o homem do que ser feliz e praticar o bem enquanto vive. Descobri também que poder comer, beber e ser recompensado pelo seu trabalho é um presente de Deus."

(Eclesiastes 3:12–13)

A cada dia, recebemos presentes de Deus em nossas vidas, mas a rotina, os desafios, as adversidades, a ansiedade e a tristeza ofuscam essas recompensas. Nossa saúde, nosso trabalho, nossa família, nossos filhos saudáveis; tudo isso são bênçãos de Deus para nós.

Infelizmente, tendemos a olhar para aquilo que não está dando certo e ficamos remoendo pensamentos que só nos levam à ansiedade. Convido você a mudar sua mente! Quando vierem a tristeza, a insegurança e a ansiedade, potencialize as coisas boas que existem na sua vida, porque tudo passará e se resolverá.

Não deixe que a rotina ou a correria roube sua alegria. Deus tem um imenso prazer em ver você feliz. A natureza foi criada por Ele para que você desfrute dela!

DIA 11
A PALAVRA DE DEUS É RICA EM SABEDORIA PARA NOSSAS VIDAS

"Não retribuam a ninguém mal por mal. Procurem fazer o que é correto aos olhos de todos. Façam todo o possível para viver em paz com todos. Amados, nunca procurem vingar-se, mas deixem com Deus a ira, pois está escrito: 'Minha é a vingança; eu retribuirei', diz o Senhor. Pelo contrário: 'Se o seu inimigo tiver fome, dê-lhe de comer; se tiver sede, dê-lhe de beber. Fazendo isso, você amontoará brasas vivas sobre a cabeça dele.' Não se deixem vencer pelo mal, mas vençam o mal com o bem."

(Romanos 12:12–21)

Esse trecho bíblico é um resumo de tudo que a Neurociência Comportamental diz sobre praticarmos a meditação (oração), o perdão, o altruísmo. A oração nos leva a um momento de reflexão, equilíbrio e contato com o Criador. Pesquisas já mostraram também o quanto o perdão, o altruísmo, a generosidade e os atos de bondade são benéficos para a nossa saúde.

Jesus nos ensina isso há mais de dois mil anos: nada, absolutamente nada passa despercebido aos Seus olhos. Quando Ele nos ensina sobre essas coisas, está nos dizendo que encontraremos saúde, felicidade e paz. A palavra de Deus é riquíssima em sabedoria para as nossas vidas.

DIA 12
A PRÁTICA DO BEM NOS DÁ SEGURANÇA E PAZ

"Confie no Senhor e faça o bem; assim você habitará na terra e desfrutará de segurança. Deleite-se no Senhor, e ele atenderá aos desejos do seu coração. Entregue o seu caminho ao Senhor; confie nele, e ele agirá: ele deixará claro

como a alvorada que você é justo, e como o sol do meio-dia que você é inocente."

(Salmos 37:3–6)

Ah, como amo esses versículos! Eles são bálsamo para o meu coração. Quantas palavras o Senhor nos deu sobre praticarmos o bem, que nos dá segurança e paz? Saiba disto: o mal não prevalecerá!

Muitas vezes, nos deparamos com situações desafiadoras e pessoas difíceis. Quando passei por circunstâncias assim, Deus falou ao meu coração através desses trechos e me fez prosseguir com o bem, mesmo que eu não tivesse retorno.

Por não desanimar e acreditar em cada palavra desse salmo, posso afirmar que Deus se levantou em meu favor inúmeras vezes, quando mais precisei!

DIA 13
PERMANECER NO AMOR DE DEUS É OBEDECER A ELE

"Se vocês obedecerem aos meus mandamentos, permanecerão no meu amor, assim como tenho obedecido aos mandamentos de meu pai e em seu amor permaneço. Tenho lhes dito estas palavras para que a minha alegria esteja em vocês e a alegria de vocês seja completa."

(João 15:10–11)

Se permanecermos no amor de Cristo, desfrutaremos de Sua presença e paz. Jesus nos ensina e nos disciplina quando precisamos, por amor a nós, para que a nossa alegria seja completa, como diz a Bíblia.

Os altos e baixos são inevitáveis, mas podemos nos manter equilibrados, com saúde emocional, mesmo quando os nossos barcos parecem estar naufragando. Confiemos nEle, que é o dono do barco. Não afundaremos porque aquEle que quer o nosso bem em todas as áreas é dono do vento, do mar, das ondas e das galáxias. Ele só permitirá aquilo que podemos suportar.

Se ouvirmos e praticarmos Sua palavra, teremos dias mais contentes e uma alegria completa que vem do céu.

DIA 14
OS PENSAMENTOS DE DEUS SÃO MAIS ALTOS QUE OS NOSSOS

"'Pois os meus pensamentos não são os pensamentos de vocês, nem os seus caminhos são os meus caminhos', declara o Senhor. 'Assim como os céus são mais altos do que a terra, também os meus caminhos são mais altos do que os seus caminhos e os meus pensamentos mais altos do que os seus pensamentos.'"

(Isaías 55:8–9)

Gosto muito desses versículos e sempre digo isto para os meus filhos: "Pensem alto, pois os pensamentos do Senhor são mais altos que os nossos." Se nós, que somos pecadores, desejamos o bem, imagine Deus, que é bom e que tem prazer em nos beneficiar? Ele é um perfeito projetista, arquiteto e criador.

Os dias ruins nos fazem refletir e nos conectam com Deus na busca de estratégias e soluções, então não desperdice nenhum momento. Creia que o Senhor tem os melhores planos para você!

DIA 15
ALEGRE-SE COM A SUA FAMÍLIA

"Os filhos são herança do Senhor, uma recompensa que ele dá. Como flechas nas mãos do guerreiro, são os filhos nascidos na juventude. Como é feliz o homem cuja aljava está cheia deles! Não será humilhado quando enfrentar seus inimigos no tribunal."

(Salmos 127:3–5)

Como é gostoso ver a casa cheia, com nossos filhos brincando e os brinquedos espalhados. Isso tem significado: alegria e movimento. Para quem tem filhos casados, que alegria é poder fazer uma reunião em família e recebê-los com seus cônjuges e filhos. Esse é um bem precioso de Deus para nós!

O Senhor nos diz que nossos filhos são nossas heranças, e, para mim, não tem nada que pague desfrutar dessa união santa e ver nossos filhos bem-sucedidos.

Devemos tratar com amor e cuidado não só nossos herdeiros, mas os agregados que chegam. Podemos ter um lar de harmonia e paz quando respeitamos e desejamos o bem comum. Vamos nos alegrar com um dos maiores presentes que Deus nos concedeu: a nossa família!

DIA 16
IDENTIFIQUE O QUE ESTÁ ROUBANDO A SUA ALEGRIA

"O ladrão vem apenas para furtar, matar e destruir; eu vim para que tenham vida, e a tenham plenamente."

(João 10:10)

Você já pensou no que pode estar roubando sua alegria? Se importar muito com uma situação pode nos esgotar e exaurir nossas forças. A palavra de Deus nos ensina que Ele veio para que tenhamos vida em abundância.

Estes são alguns exemplos que podem estar roubando sua alegria: racionalização excessiva sobre um assunto, inveja, falta de perdão, fanatismo religioso, falta de lazer. Reflita sobre isso e veja se precisa fazer mudanças e ajustes.

DIA 17
NÃO QUEIRA SE VINGAR, ESPERE PELO SENHOR!

"Não diga: 'Eu o farei pagar pelo mal que me fez!' Espere pelo Senhor, e ele dará a vitória a você."

(Provérbios 20:22)

Se você anda decepcionado por algo que aconteceu ou com uma pessoa, não desanime, ainda que seja uma situação chata e dolorosa. Levante-se e dê lugar à alegria, pois nada escapa do olhar do nosso Deus. Ele promete que nos dará a vitória!

Por um tempo, o mal pode até parecer estar ganhando, mas posso te garantir que ele não persistirá para sempre. Os olhos do Senhor estão sobre todos os moradores da Terra. Assentado no Seu trono,

Ele contempla o mau e o bom. Espere pelo Senhor! Ele é justo e nunca deixou um justo à própria sorte. Você vai vencer!

DIA 18
QUAIS COMPORTAMENTOS VOCÊ PODE MELHORAR OU RESTAURAR?

"Eles reconstruirão as velhas ruínas e restaurarão os antigos escombros; renovarão as cidades arruinadas que têm sido devastadas de geração em geração."

(Isaías 61:4)

Esse versículo me fez parar para pensar sobre comportamento, sobre o que poderíamos melhorar ou restaurar por completo. Às vezes, trazemos de nossas famílias tradições que nem sempre são benéficas, repetindo vários erros.

Se você já pensou nisso, peça ao Espírito Santo para mostrar o que você precisa melhorar quanto a esses aspectos comportamentais que podem estar roubando a sua alegria e a de sua família. Tenho a certeza de que Jesus te guiará e te mostrará o verdadeiro caminho para a restauração.

DIA 19
TEMOS UM FUTURO GARANTIDO COM CRISTO!

"Mesmo não o tendo visto, vocês o amam; e apesar de não o verem agora, creem nele e exultam com alegria indizível e gloriosa; pois vocês estão alcançando o alvo da sua fé, a salvação das suas almas."

(1 Pedro 1:8–9)

Aquele que crer e for batizado será salvo, é o que a Bíblia nos garante. Nós cremos no sobrenatural, acreditamos naquilo que não vemos, mas que podemos sentir. O Pai Celestial nos promete a salvação eterna para nossas almas. Temos um futuro garantido com Cristo! Que alegria excepcional, pois viveremos na eternidade, onde não haverá choro, enfermidades, ódio ou inveja, mas reinará o amor e a paz.

DIA 20
DEUS É O NOSSO ABRIGO

"Tu és o meu abrigo; tu me preservarás das angústias e me cercarás de canções de livramento. [...] Alegrem-se no Senhor e exultem, vocês que são justos! Cantem de alegria, todos vocês que são retos de coração!"

(Salmos 32:7,11)

Que convite maravilhoso para nos alegrarmos: Deus é tão bondoso conosco, muito embora, com frequência, pensemos que Ele não está vendo determinada situação. Como Ele habita em tudo, tem o domínio sobre terra, céu e mar e todos os nossos dias foram escritos por Ele, não importa a circunstância que tenha se abatido sobre você, Ele te dará livramento e cânticos de vitória. Siga Sua palavra e creia, dessa forma, virão dias de alegria nos quais você exultará de prazer. Confie! Alegre-se!

DIA 21
VALE A PENA SE ESFORÇAR PARA PERDOAR E ABENÇOAR QUEM TE FERIU

"Alegrem-se na esperança, sejam pacientes na tribulação, perseverem na oração. Compartilhem o que vocês têm com os santos em suas necessidades. Pratiquem a hospitalidade. Abençoem aqueles que os perseguem; abençoem, e não os amaldiçoem. Alegrem-se com os que se alegram; chorem com os que choram. Tenham uma mesma atitude uns para com os outros. Não sejam orgulhosos, mas estejam dispostos a associar-se a pessoas de posição inferior. Não sejam sábios aos seus próprios olhos."

(Romanos 12:12–16)

Em vários excertos, a Bíblia nos ensina sobre amabilidade, perdão, oração etc. e também sobre a importância da alegria. Nem sempre é fácil seguir o que os versículos nos ensinam ou abençoar quem nos feriu, mas podemos ter uma boa atitude diante das más atitudes dos outros.

Vale a pena se esforçar para perdoar e abençoar quem te feriu. Sentimentos ruins só farão mal para a nossa alma, corpo e espírito, podendo até nos levar à depressão e baixar nossa imunidade. Cada um é responsável por suas próprias atitudes.

DIA 22
SEM A TRISTEZA, NÃO SABERÍAMOS O QUE É A VERDADEIRA ALEGRIA

A alegria está presente na minha vida não só nos momentos de conquista, mas sim em toda a minha trajetória — na luta, na tentativa, na perseverança. Podemos nos alegrar com esses momentos, pois eles nos mostram o quanto a dificuldade faz parte da celebração. Sem a tristeza, **não poderíamos conhecer**, de fato, o que é a alegria. Tome cada dificuldade ou cada pedra como ponte de alcance para a sua vitória. Alegre-se!

DIA 23
ENCHA OU ESVAZIE SUA GAVETA

Acredito que temos várias gavetas em nossos dias: a da amabilidade, a da alegria, a da saúde, a da tristeza, a dos desafios, a das preocupações, a das realizações etc. Quem sabe, hoje, você deva esvaziar a da preocupação, a da tristeza, a da ingratidão...

Reflita e analise: do que suas gavetas estão precisando? Após isso, abasteça-as. Se for de saúde, procure tirar um dia para se cuidar e fazer alguns exames. Se for de desafios, arrume uma estratégia para solucioná-los. Se for de alegria, lembre-se daqueles momentos maravilhosos que já viveu e traga à memória aquilo que te traz esperança. Se for de gratidão, agradeça por tudo que você tem em sua vida. O fato de estar vivo é um grande motivo de alegria, pois você tem mais uma chance de recomeçar e de fazer o melhor. Com certeza, o Pai das luzes sempre estará disposto a nos ajudar.

DIA 24
A DISCIPLINA ENSINA E PRODUZ BONS FRUTOS

"Nenhuma disciplina parece ser motivo de alegria no momento, mas sim de tristeza. Mais tarde, porém, produz fruto de justiça e paz para aqueles que por ela foram exercitados."

(Hebreus 12:11)

Muitas vezes, precisamos disciplinar nossos filhos, mas isso não é fácil para nós enquanto mães e pais. Para nossos herdeiros, adotar a disciplina também não é tão bom em um primeiro momento. Sabemos, porém, que isso é necessário e temos autoridade bíblica e legislativa para direcioná-los no caminho do bem.

Como mãe, já passei por aquele aperto no coração de ter que pegar "pesado" e vê-los tristes e chateados, mas é nosso dever proporcionar certos ensinamentos e educá-los com valores que vão além dos ensinados na escola ou aprendidos com os amigos. Certamente, os resultados virão para aqueles que acatam a disciplina, pois colherão bons frutos.

DIA 25
COMPARTILHAR A ALEGRIA

A alegria é algo que não dá para guardar só para nós. Para ser verdadeira, ela tem que ser compartilhada. É claro, entretanto, que devemos saber com quem compartilhar, pois nem todos ficam felizes com o nosso bem.

Podemos refletir sobre o que passamos e sentimos durante a pandemia do coronavírus, sobre o quanto somos seres relacionais. **Não tem graça vivermos isolados**, afinal, precisamos de pessoas, movimento, conversas e risadas. A alegria engloba tudo isto: amigos, celebração, festas, amor e até mesmo lágrimas e momentos difíceis. Sem compartilhá-los, como seremos alegres?

Podemos tirar uma lição desse tão difícil cenário pelo qual passamos globalmente — nossos sentimentos e momentos precisam ser compartilhados com quem amamos, pois só assim terão mais sentido.

A alegria é contagiante! Faça o dia de alguém ser mais feliz compartilhando-a!

DIA 26
A ALEGRIA OU TRISTEZA DO CORAÇÃO APARECE NO ROSTO

"A alegria do coração transparece no rosto, mas o coração angustiado oprime o espírito."

(Provérbios 15:13)

A Bíblia afirma que, quando estamos alegres, essa satisfação aparece no nosso rosto. Quando estamos tristes e ficamos abatidos, chegamos a baixar nosso sistema imunológico. Saiba, portanto, que é benéfico ser otimista e feliz! O que você fará hoje para encher sua gaveta da alegria?

DIA 27
A ALEGRIA VENCE O DESÂNIMO

Chorar pode ser inevitável. Sentir-se desanimado é normal diante da vida, mas sorrir é essencial! Precisamos de momentos prazerosos, de diversão e lazer. Faça tudo aquilo que te faz feliz, vença a tristeza e o desânimo com a perseverança na alegria.

Se esforce para que seu dia, apesar dos desafios, desânimos e chateações, não deixe de ser alegre. Mesmo com obstáculos, nada deve impedir que você seja feliz. Alegre-se!

DIA 28
NÃO DEPENDA DAS CIRCUNSTÂNCIAS PARA SE ALEGRAR

Não espere estar tudo certo para ser feliz. Não dependa dos acontecimentos externos. Um sorriso pode mudar o dia de alguém, então deixe rastros de esperança por onde passar. Lembre-se de que a vida vale muito a pena ser vivida! Viva o hoje, pois o futuro a Deus pertence.

março
PROPÓSITO

DIA 1
DEUS TEM UM PROPÓSITO PARA CADA UM

"Sabemos que Deus age em todas as coisas para o bem daqueles que o amam, dos que foram chamados de acordo com o seu propósito."
(Romanos 8:28)

Quem me conhece sabe como amo esse versículo, e posso dizer que ele vem se cumprindo em minha vida. Profissionalmente, eu era voltada para a área comercial, mas, diante de algumas dificuldades, Deus mudou meu olhar e colocou um propósito imenso dentro do meu coração: mudar de área para ajudar o próximo.

Em breve, irei me formar em Pedagogia, com especialização em Neuropsicopedagogia Clínica e Saúde Mental. Depois, quero fazer pós-graduação em Terapia Familiar Cristã para unir minha fé com a ciência — que foi deixada por Deus para nos ajudar.

Escrever para você é algo que nunca imaginei, mas acredito piamente no propósito pelo qual Ele me chamou. Acredito que essas mudanças não vieram do acaso, mas do coração do Senhor para a minha vida.

Passei por uma crise financeira e por estafa emocional na busca de exames devido ao atraso de desenvolvimento do meu filho. Foi então que me apaixonei pela área de terapia e testemunho. Como Deus é maravilhoso e o quanto um acontecimento ruim pode se tornar uma bênção em nossas vidas se buscarmos o Seu propósito. Estou muito feliz e realizada com a minha missão!

DIA 2
A VIDA É FEITA DE ESCOLHAS

"Pois Nele foram criadas todas as coisas nos céus e na terra, as visíveis e as invisíveis, sejam tronos ou soberanias, poderes ou autoridades; todas as coisas foram criadas por ele e para ele. Ele é antes de todas as coisas e Nele tudo subsiste."
(Colossenses 1:16–17)

Creio nos propósitos de Deus para nós e que cada ser humano não nasceu por acaso. Creio nas coisas visíveis e invisíveis, que há o poder do Céu na terra e debaixo da terra. Creio que foi o Senhor quem criou todas as coisas e que o desejo dEle é que tenhamos uma vida abundante. É preciso orar, refletir e ouvir a Sua voz, a fim de que sejamos conduzidos no melhor caminho.

Talvez, você possa estar se perguntando: "Mas, Lu, e as pessoas que são más, os psicopatas, os moradores em situação de rua...? Por que elas vivem assim se Deus é tão bondoso?" Devemos buscar o reino espiritual, entender os planos divinos — que nem sempre são fáceis, já que requerem dedicação e busca —, e compreender que a vida é feita de escolhas. Podemos optar pelo bom ou ruim. Em alguns casos, essas pessoas fizeram escolhas erradas ou não tiveram a oportunidade de ouvir a palavra de Deus, decidindo parar no meio do caminho, não desfrutando do propósito para o qual foram criadas.

Por isso, quando encontrar alguém que vive de uma forma distorcida, ore para que ela realmente encontre Jesus e seu verdadeiro desígnio. Cada ser humano é especial para Ele. Se você tem alguma dúvida quanto ao motivo da sua existência, busque a Deus em oração, pois Ele te responderá. Faça a vida valer a pena e cumpra o propósito para o qual você foi chamado.

DIA 3
DESACELERAR FAZ PARTE DO PROCESSO

Desacelerar é preciso para que enxerguemos beleza na quietude. Respire um pouco, deixe a paz e o silêncio te invadirem.

Solitude é um isolamento voluntário definido pelo pensador Paul Tillich como a "glória e felicidade de estar sozinho". Precisamos desses momentos para nos conectar conosco e com Deus, reorganizar nossas emoções, fazer uma desintoxicação das emoções ruins, encher nossas gavetas com emoções boas, colocar os pensamentos em ordem e dar valor para os momentos mais lindos da vida, os quais o dinheiro não pode comprar.

A paz interior é o preço mais caro dessa vida. Felizes são os que a tem! Desacelere e a encontrará. Se ainda não encontrou propósito em sua vida, esses momentos serão reveladores. Invista em você. Desacelere.

DIA 4
HÁ UM TEMPO DETERMINADO PARA TODO PROPÓSITO

"Há um tempo determinado para todas as coisas debaixo do céu."
(Eclesiastes 3:1)

Você pode estar pensando: "Tenho tantos projetos latentes dentro do meu coração, mas, no momento, não posso executá-los". Talvez, esteja em um emprego bem remunerado, que não é viável deixar; talvez, seja mãe e precise cuidar dos seus filhos; talvez, faltem condições financeiras. Enfim, você pode estar passando por várias situações... Já passei por algumas delas, e a tarefa a qual dediquei mais tempo foi sendo mãe.

Tive muita vontade de estudar e trabalhar fora, mas hoje entendo que Deus reservou esse tempo para que eu curtisse meus filhos, seus primeiros passinhos, as primeiras palavrinhas, apresentações escolares, enfim... Agora, chegou o tempo em que posso voltar a estudar, a trabalhar e a escrever meus livros.

O propósito que Deus tem para você é só seu, e ninguém jamais poderá roubá-lo. Então, peça ajuda a Ele para entender Seu tempo para cumprir aqueles propósitos que estão guardados em seu coração. Na hora certa, Ele irá concretizá-los.

DIA 5
A EVOLUÇÃO É UM CAMINHO SEM FIM

Estamos em constante evolução. A espiritual tem começo e meio, mas jamais terá um fim. Prazer e alegria, tristeza e dor fazem parte do processo evolutivo.

Acredito que a vida é feita de escolhas e que elas integram o que está enraizado dentro de nossas almas. Comece a rever o que está dentro de você e jogue fora o que não presta. Você verá que suas escolhas serão assertivas e felizes quando sua alma estiver cheia de sentimentos bons. Que seu propósito seja sempre a evolução!

DIA 6
CRÍTICAS NO CAMINHO

Durante a sua caminhada de evolução, com certeza irão surgir críticas e desafetos. Isso pode acontecer por você ter tido a coragem de dar o primeiro passo, enquanto outros ficaram apenas como espectadores. Use as críticas construtivas para se fortalecer cada vez mais e não se esqueça nunca do seu verdadeiro propósito. Siga avante sem esmorecer!

DIA 7
OSTRAS E PÉROLAS

Não raro, ao levarmos um chacoalhão da vida, nos sentimos atemorizados. No entanto, essa é uma grande oportunidade para o autoconhecimento, para transformações e evoluções.

Gosto muito das ostras e das pérolas, porque são o resultado da entrada de uma substância estranha ou indesejável no em seu interior, como um parasita ou um grão de areia. Quando algo entra nas ostras, as células do nácar começam a trabalhar e a cobri-lo com camadas e mais camadas, a fim de proteger o corpo indefeso das conchas.

Assim devemos ser: quando algo nos machucar, podemos desenvolver o amor e transformar tudo aquilo que lançaram para nos ferir em algo bom, belo e valioso. Somente o amor cura!

DIA 8
DONS E TALENTOS

Saber o verdadeiro propósito de nossa existência aqui e na eternidade é a verdadeira chave para a evolução, alegria e satisfação. Não deixe de acreditar em você, naquele desejo que Deus colocou em seu coração.

Temos talentos que foram reservados e determinados por Ele. Acredite em você e dê valor aos seus dons. Por mais que as críticas surjam, você estará fazendo a diferença.

Siga convicto de que tudo que você carrega foi dado pelo Criador. Não olhe para as críticas com negatividade. Ao contrário, foque-se nos desígnios do Pai. Siga o seu propósito. Desfrute de seus dons e talentos!

DIA 9
BAGAGENS

Para mim, o verdadeiro sentido da vida é vivê-la com amor e leveza. Ela é tão curta para bagagens pesadas... Faça com que esses pesos se tornem mais leves colocando neles empatia, amor, serenidade e gratidão. Viva com propósito!

DIA 10
OBJETIVO DA VIDA

"Mas, buscai primeiro o reino de Deus, e a sua justiça, e todas estas coisas vos serão acrescentadas."

(Mateus 6:33)

Acredito que o verdadeiro objetivo da vida esteja pautado na esfera espiritual e nos valores mais sublimes, como amor, empatia, gratidão, compaixão e altruísmo. Não se deixe paralisar pela crítica, falta de amor ou ingratidão de algumas pessoas. Persiga seu objetivo! Para ter uma vida plena e serena, prenda-se aos verdadeiros objetivos espirituais, não a pessoas e coisas negativas.

Não digo que almejar bens materiais é ruim. Uma vida financeiramente estável pode pagar estudos para seus filhos e uma boa viagem, por exemplo. Essas coisas são boas e necessárias, mas não podemos deixar nosso coração preso a elas. Nossos valores espirituais são muito superiores aos materiais. Pratique os mais sublimes e, com certeza, colherá bons frutos. Pense nisso!

DIA 11
SEJA UM AGENTE DE LUZ

"E disse Deus: Haja luz; e houve luz. E viu Deus que era boa a luz; e fez Deus separação entre a luz e as trevas."

(Gênesis 1:3–4)

Desfrute a vida com leveza e amor. É tão bom vivermos com esses sentimentos! Você já teve a experiência de acordar estando pronto para viver um dia lindo, mas alguém chegou e você começou a se sentir pesado? Ou mesmo de entrar na casa de alguém e perceber uma atmosfera diferente no ar? Somos seres sensoriais e temos nossas percepções. Acredito nas energias positivas e negativas que carregamos dentro de nós, nas ondas sonoras. Para mim, o mundo foi criado por ondas sonoras, por palavras ditas pelo próprio Deus.

Podemos espalhar nossos sentimentos e ondas de alegria, amor e paz, como também podemos transmitir trevas, negatividade, raiva, tristeza e inveja. Então, seja um agente de luz, transborde coisas boas e tudo a sua volta se transformará.

DIA 12
FELICIDADE É GASTAR A VIDA COM PROPÓSITO

Para mim, um dos maiores propósitos da vida é cuidar da nossa família. É nosso papel investir na qualidade de vida dos nossos filhos e cônjuge. Esse é um bem muito precioso, principalmente se pensarmos que, por meio da nossa prole, teremos novas gerações. É uma tarefa grandiosa!

Se você quer uma geração mais feliz e saudável, cuide agora dos seus filhos, que serão os pais das gerações futuras. Dedique o seu melhor, dê amor e invista o seu tempo, que é o bem mais valioso.

DIA 13
O PROPÓSITO DE DEUS É MELHOR QUE OS NOSSOS

"Muitos propósitos há no coração do homem, porém o conselho do Senhor permanecerá."

(Provérbios 19:21)

Muitos são os nossos propósitos, mas do Senhor é que vem a resposta. Ele é soberano, onipotente, onipresente, conhecedor de todas as coisas antes mesmo de elas existirem. Coloque tudo nas mãos dEle, pedindo que o Senhor te revele o que planejou. Somente o Pai tem os maiores e melhores propósitos para que desfrutemos desta vida terrena e da eternidade.

DIA 14
AS BELEZAS DA VIDA

Quando nos permitimos contemplar as belezas da vida, como a natureza, o mar, os animais, uma bela paisagem, percebemos que tudo tem o seu determinado lugar. A vida vai além do que vemos com nossos olhos físicos. Assim são os propósitos pelos quais fomos chamados: vão além do entendimento humano.

Você pode achar que tem uma simples profissão, mas eu te digo que não. Deus te colocou aí por algum propósito! Fale do amor do Pai onde estiver. Certamente, há alguém que precisa do olhar espiritual que você tem, que vai além das suas tarefas cotidianas.

DIA 15
A PERSEVERANÇA NOS FARÁ ALCANÇAR O PROPÓSITO

"E não somente isto, mas também nos gloriamos nas tribulações; sabendo que a tribulação produz a paciência. E a paciência a experiência, e a experiência a esperança. E a esperança não traz confusão, porquanto o amor de Deus

está derramado em nossos corações pelo Espírito Santo que nos foi dado."
(Romanos 5:3–5)

A perseverança é fundamental para realizarmos nossos propósitos. Não será uma caminhada fácil; teremos, sim, dificuldades no meio do caminho, lutas e pessoas que não desejam o nosso bem. Como percebemos no versículo acima, a perseverança é o resultado do caráter aprovado de quem passou por fortes ventos na vida, mas não se deixou abalar.

É com as intempéries que nos fortalecemos, amadurecemos, aprendemos e passamos para o outro lado da margem. Acredite em você! A esperança que produzimos ao perseverar nos faz conquistar aquilo que Deus tem para nós. Persevere, assim você chegará ao outro lado!

DIA 16
CORAGEM DE SER VOCÊ MESMO

Na caminhada da vida, receberemos vaias e aplausos. Não se preocupe com as vaias, pois elas te tornarão melhores e te farão caminhar mais uma milha. São as críticas que nos tiram da zona de conforto. Quando você sair dela, ampliará seu horizonte de conhecimentos e realizações.

Os aplausos são bons e necessários também, afinal, são uma forma de reconhecimento por tudo que você fez e realizou. Queira os dois, pois ambos são requisitos para o seu crescimento.

DIA 17
PERMITA-SE

Permita-se relaxar ao sair do seu cotidiano frenético. Você pode e tem direito a isso! Além do mais, é benéfico para a sua saúde.

Divirta-se nos melhores momentos da vida. Permita-se errar e use seus erros para o seu bem. Permita-se investir em você; tire um dia para cuidar da sua saúde e ir ao médico. Permita-se cuidar da sua pele, comprar alguns cosméticos, ir ao salão de beleza, fazer a sua unha... Permita-se ter um momento espiritualizado, ir à igreja ou ficar a sós com Deus. Permita-se fazer tudo aquilo que é bom para você, tanto na esfera material quanto na espiritual. Apenas permita-se!

DIA 18
DESAFIE A SI MESMO

Faz parte do processo de perseverança e resiliência passar por desafios e alcançar vitórias em meio ao caos. No entanto, continue se desafiando a cada dia e tenha em mente um novo projeto, novos planos.

Não pense em desistir por achar que seu sonho é impossível. Desafie-se a olhar ao seu redor e veja tudo pelo que já passou e onde teve sucesso. Novos desafios são importantes para novos êxitos. Desafie-se!

DIA 19
PRIORIDADES

Você já parou para pensar em quais são suas prioridades? O que te faz feliz? O que você realmente almeja?

Andamos atarefados, com cobranças e expectativas alheias, acumulando objetivos que nem são nossos. Pare um pouco, coloque em ordem tudo aquilo que é um alvo para você, aquilo que te faz feliz, sem se preocupar com o que os outros irão achar.

Seja você a sua prioridade. Esvazie-se das inquietações e se conecte com a sua essência.

DIA 20
NÃO DESISTA DE SER BOM

Nem sempre a jornada será de flores. Encontraremos pessoas difíceis, manipuladoras, egoístas, ingratas. Ainda que se depare com elas, não desista de fazer o bem. Quando tiver a oportunidade, faça isso sem esperar nada em troca. Este é um resultado da maturidade.

Não escrevo estas palavras para te incentivar a ser um capacho de aproveitadores, não é isso. Por vezes, precisamos, sim, nos afastar de pessoas tóxicas, que nos fazem mal. Mas há outras formas de praticar a bondade. Não desista, mesmo que seja difícil. Não deixe que nada te atrapalhe na construção de um mundo melhor.

DIA 21
TUDO DO SEU JEITO

As coisas não estão acontecendo como você queria? É hora de se acalmar, não de deixar a ansiedade decidir! Talvez também seja a hora de olhar com cautela, avaliar todos os aspectos da situação e orar a Deus, que, com certeza, te guiará nas melhores decisões.

DIA 22
VIVA

Não fique preso a crenças limitantes achando que não deve fazer isso ou aquilo porque está velho ou jovem demais. Questione as regras que você mesmo impôs à sua vida, reflita sobre aquilo que realmente importa e faça. Como disse Dalai Lama: "Só existem dois dias do ano em que nada pode ser feito: um se chama ontem e o outro amanhã. Portanto, hoje é o dia certo para amar, acreditar, fazer e, principalmente, viver."

DIA 23
NADA É POR ACASO

Tudo na vida tem um propósito. Quem me conhece sabe que acredito piamente nisso! Convido você, agora, a dar mais valor a cada detalhe da sua história. Num primeiro momento, isso pode parecer simples, mas logo você perceberá que para tudo existe um motivo. Deixe que a vida se comunique com você.

DIA 24
CONSTRUIR UMA VIDA QUE VALE A PENA

Viva uma vida que vale a pena ser vivida. Não entre nem comece projetos que roubem seus momentos de lazer em família, valores espirituais e valores como ser humano. Invista em projetos que glorifiquem a Deus. Você verá a tamanha alegria que invadirá seu coração ao ter experiências sobrenaturais com Ele.

DIA 25
FAÇA A SUA HISTÓRIA

Com certeza, o Senhor já escreveu uma linda história para nós, mas nem sempre nossas vidas seguem o roteiro preparado por Ele por deixarmos de ouvir Sua voz ou por não darmos importância aos Seus conselhos. Não deixe que sua vida seja em vão. Peça ao Pai que ilumine a sua jornada.

DIA 26
VITÓRIA

Para a vitória ser verdadeiramente alcançada, precisamos ter disciplina, foco e perseverança. Então, foque-se no que deseja, persevere e coloque a disciplina em prática.

Se quiser voltar a estudar, mas tiver um emprego que tome todo o seu dia, acorde uma hora antes do normal e dedique-se ao estudo. A recompensa virá! Talvez, você pense que já está velho ou que uma graduação demora de dois a quatro anos, mas o tempo passará de todo modo. Por isso, persevere e conquiste seu diploma!

DIA 27
COMEÇOS DIFÍCEIS

Todo início de um projeto ou trabalho parece ser bem difícil e, na verdade, é mesmo, mas com paciência e perseverança conseguimos vencer e alcançar os nossos propósitos. Não desista no começo, pois, quando você passar a compreender para onde está indo, fará tudo com muita paixão. Não desista!

DIA 28
TRABALHE POR AMOR

Não trabalhe por dinheiro, como se fosse esse o único mérito pelo seu esforço. Trabalhe com amor. Trabalhe naquilo que gosta e o dinheiro será uma consequência.

O amor faz coisas incríveis em nossas vidas! Plante-o por onde for e colherá ricas bênçãos.

DIA 29
OBJETIVOS

O objetivo das barreiras é parar, o meu é derrubá-las! O objetivo do ódio é a maldade, o meu é amar. O objetivo das pestes é destruir, o meu é nascer e florescer.

DIA 30
DEIXE DEUS CAMINHAR COM VOCÊ

"Pois tu, Senhor, me alegraste pelos teus feitos; exultarei nas obras das tuas mãos. Quão grandes são, Senhor, as tuas obras! Mui profundos são os teus pensamentos. [...] O justo florescerá como a palmeira; crescerá como o cedro no Líbano. Os que estão plantados na casa do Senhor florescerão nos átrios do nosso Deus. Na velhice ainda darão frutos; serão viçosos e vigorosos, para anunciar que o Senhor é reto. Ele é a minha rocha e nele não há injustiça."

(Salmos 92:4–5,12–15)

Ah, como amo esse salmo, que relata as lutas, promessas, feitos e vitórias que Deus fez na vida do salmista desde a juventude até a velhice. Também sou grata por tudo que Ele tem feito por mim. Tenho recebido bênçãos de Suas poderosas mãos e sei o quanto Ele foi e tem sido generoso comigo e com minha família.

Perdi meu pai muito cedo, quando tinha apenas cinco anos de idade, mas o Senhor sempre foi um bom pai. Mesmo nos momentos em que passei distante, Ele foi bondoso e escreveu uma história linda que vivo intensamente com alegria, pois tenho comigo o Homem mais poderoso do universo, que me protege.

Deixe Deus trilhar seus caminhos com você. Coisas lindas Ele tem reservado para nós! Como lemos acima, o salmista era feliz com os grandes livramentos e vitórias que lhe foram concedidos pelo Senhor e, mesmo na velhice, deu frutos. Vale a pena viver com Cristo e tê-Lo como nosso guia e orientador. Deixe Jesus caminhar com você!

DIA 31
DEPOIS DA TEMPESTADE, VEM O ARCO-ÍRIS

Nada acontece por acaso em nossas vidas. Viver com propósito é, mesmo diante do que poderia ser um caos, buscar um sentido e ressignificar toda dor ou sofrimento, transformando esses empecilhos em motivação e bondade. Assim, você provará um sentimento de altruísmo sem igual, e nada mais será insignificante. Depois da tempestade, vem o arco-íris.

abril

PACIÊNCIA

DIA 1
APRENDA A GERENCIAR A SUA ANSIEDADE

"Não andem ansiosos por coisa alguma, mas em tudo, pela oração e súplicas, e com ação de graças, apresentem seus pedidos a Deus. E a paz de Deus, que excede todo o entendimento, guardará os seus corações e as suas mentes em Cristo Jesus."

(Filipenses 4:6–7)

Com frequência, ficamos ansiosos, o que é normal. A ansiedade boa nos impulsiona para realizar algo, já a ruim é exagerada, nos tira a paz e nos deixa temerosos quanto ao nosso futuro.

Caminhar sem ansiedade nem sempre é fácil. Quando estamos enfrentando provações, ela aumenta. Contudo, podemos gerenciá-la e equilibrá-la; depende das nossas boas escolhas. Com a ajuda de Deus, podemos conseguir, pois Ele nos promete a Sua paz.

Reflita sobre o que está gerando ansiedade em você, acrescente seus pontos fortes em seus pensamentos, suas vitórias alcançadas e veja por quantas coisas já passou e venceu. Potencialize seu olhar para o lado bom e não fique remoendo aquilo que gera sentimentos ruins em seu coração.

Deixe a paz de Deus — que excede todo o entendimento — alcançar seu coração. Assim, você verá que tudo vai se acomodar. Peça ao Senhor que te dê essa paz. Ele te atenderá! Muitas vezes, precisei pedir isso a Ele, e em todas elas Ele me ouviu. Peça com fé!

DIA 2
VALORES ESPIRITUAIS

Acredito que as feridas da alma só Deus pode curar. As terapias nos ajudam a gerenciar nossas emoções, assim como as boas escolhas.

Creio muito nos momentos a sós com Deus, nas orações, nos momentos de reflexão, de solitude, nos quais esvaziamos tudo o que temos no nosso interior e podemos nos encher de sentimentos que estão pautados na esfera espiritual, de valores como sensibilidade, solidariedade, altruísmo, amor, humor e criatividade.

Esses períodos são importantes para jogarmos fora o que não está legal dentro da gente e potencializar as coisas boas. As feridas de que falei anteriormente serão curadas com investimento no amor, na paz e no perdão.

Pratique valores espirituais, os quais o ladrão não pode roubar e a traça não pode corroer. Por mais amor, paz e altruísmo!

DIA 3
MANTENHA UMA BOA ATITUDE ENQUANTO VOCÊ ESPERA

"Paciência não é só saber esperar, mas é manter uma boa atitude enquanto espera."

(Joyce Meyer)

Manter uma boa atitude enquanto se espera é um grande desafio. Muitas vezes, somos obrigados a esperar, pois a vida nos impõe isso. Desse modo, devemos exercitar a nossa paciência, que é o caminho para a paz. Podemos esperar ansiosos, mal-humorados e tristes ou confiantes, alegres e otimistas. Escolha bem!

DIA 4
A PAZ É PRECIOSA

A paz é tão preciosa que não podemos deixá-la ser roubada de nós por pessoas atribuladas ou em circunstâncias temerárias. A paz é um bem precioso como um diamante, cuide bem dela!

DIA 5
FOMOS CHAMADOS PARA VIVER EM PAZ

"Que a paz de Cristo seja o juiz em seus corações, visto que vocês foram chamados a viver em paz, como membros de um só corpo. E sejam agradecidos."
(Colossenses 3:15)

Somente quando estamos em paz podemos fazer as melhores escolhas e apaziguar a agitação exterior. Ela faz a tempestade perder a força. Espalhe a paz por onde for, e o mal não prevalecerá.

DIA 6
A PACIÊNCIA NOS LEVA A ESCOLHAS CERTAS

"Os que amam a tua lei desfrutam paz, e nada há que os faça tropeçar".
(Salmos 119:165)

A paz nos faz caminhar leves, mesmo em meio ao mar revolto. Devemos cultivá-la todos os dias, pois o cotidiano, as tarefas ou as pessoas podem querer tomá-la de nós.

Quando buscamos a Deus e estamos conectados com Ele, até diante das dificuldades descansamos na certeza de que tudo tem seu tempo e propósito. Mantenha a paciência, assim você fará escolhas mais assertivas.

DIA 7
ENERGIAS POSITIVAS E NEGATIVAS

Acredito em energias positivas e negativas e que podemos criar uma atmosfera de paz ou de irritação. Nós, mulheres, mães e esposas, somos o grande termômetro da nossa casa. Quando estamos irritadas, parece que a casa também se irrita, não é? O mesmo acontece quando estamos alegres.

Não deixe que nada roube a sua paz. Ela é o seu lar e o da sua família, e esta é o seu bem mais precioso. Crie uma atmosfera de paz colocando uma boa música, lendo um bom livro, assistindo a um bom filme, preparando uma mesa bonita para as refeições, investindo na aromatização do ambiente... Essas coisas parecem pequenas, mas trazem aconchego. Invista na sua paz e na de sua família.

DIA 8
TROQUE AS LENTES

Troque a impaciência pela paciência. A tristeza pela alegria. O desafeto pelo amor. A ingratidão pela gratidão. A angústia pela serenidade. Nem sempre é fácil fazer essas trocas, mas você pode começar a se exercitar nesse sentido.

Quando a tristeza quiser te alcançar, lembre-se de algo que te deixa feliz. Quando o desafeto vier, avise que você tem amor de sobra para dar. Quando a ingratidão bater à sua porta, não a deixe entrar e diga-lhe que do lado de dentro mora a gratidão. Quando a angústia se aproximar, não a deixe falar, diga-lhe que a serenidade chegou primeiro e que você tem motivos para manter-se em paz, que sabe que tudo se resolverá e que tudo tem seu tempo e propósito. Quando a impaciência insistir, mostre que a paciência já pegou o seu lugar.

Podemos trocar nossas lentes potencializando o lado bom das coisas e deixando longe de nós sentimentos que não fazem bem. Troque tudo aquilo que não é bom por amor e paz.

DIA 9
EMOÇÕES POSITIVAS EM PRIMEIRO LUGAR

A raiva, a angústia e o desafeto podem tentar tirar a nossa paz, então devemos começar a fazer boas trocas com essas emoções negativas. Assim, logo veremos que elas não têm vez!

É natural que, em alguns momentos, nossas emoções aflorem. Com frequência, precisamos fazer enfrentamentos na vida que não são fáceis e que exigem de nós uma energia emocional grande, contudo, não podemos deixar que esses descompassos virem rotina.

Podemos observar e dissipar as emoções negativas, só depende de nós fazer boas trocas. Deixe sempre suas emoções positivas no primeiro lugar do ranking da sua vida.

DIA 10
PALAVRA PEQUENA, EFEITO GIGANTE

A paz é uma palavra tão pequena, mas de um efeito gigante e poderoso! Ela apazigua a tempestade, nos leva à serenidade e ao bem--estar. Pratique-a! Mesmo que seu dia esteja agitado, não deixe que nada nem ninguém roube o que é seu.

DIA 11
CALMARIA

Momentos de calmaria, serenidade e amabilidade são caminhos para a paz. Siga esse percurso e seja conduzido às mais assertivas e belas escolhas.

DIA 12
ESPERANÇA E FUTURO

"'Porque sou eu que conheço os planos que tenho para vocês', diz o Senhor, 'planos de fazê-los prosperar e não de lhes causar dano, planos de dar-lhes esperança e um futuro.'"

(Jeremias 29:11)

DIA 13
ENFRENTAMENTOS SÃO NECESSÁRIOS

A paciência é um exercício. Não é fácil mantê-la em momentos turbulentos e com pessoas dissimuladas. Contudo, não há mal algum em fazer enfrentamentos que, para quem recebe, pode parecer impaciência. Cada um tem seu limite e sua forma de resolver as coisas. Se for preciso, dê um basta! Assim, estará dizendo que não permitirá mais nada além daquilo.

Não se sinta coagido pelos julgamentos alheios, faça os enfrentamentos necessários. Cuide-se! Só você sabe sua verdadeira história. O outro só vive parte dela e te julga pelas próprias lentes. Seja você mesmo, seja autêntico e não se preocupe com o que falam e pensam de você.

DIA 14
FAÇA SEUS ENFRENTAMENTOS QUANDO FOR NECESSÁRIO

Falar sobre paciência é muito complexo, afinal, podemos ser tomados pela agitação ou pela ansiedade. Às vezes, o que alguém julga como impaciência é apenas uma visão limitada pautada na falta de empatia com o próximo.

Portanto, saiba potencializar seus sentimentos positivos. Se for preciso, não se exima da tarefa de conduzir conversas que podem ser difíceis. Ajustes como esse fazem parte de todo relacionamento humano.

DIA 15
CUIDAR DA SUA PAZ É IMPAGÁVEL

Na vida, encontramos pessoas difíceis de nos relacionar, que têm fala mansa e aparência bondosa, mas que se aproximam de nós só por interesse. Elas sugam nossas energia e paz e não merecem estar perto de nós, pois são manipuladoras. Se você se sente desconfortável em relacionamentos assim, o melhor a fazer é se afastar. Não desperdice seu tempo. A distância é o melhor caminho!

DIA 16
PERSEVERANÇA E PAZ CAMINHAM JUNTAS

A perseverança é necessária para atingirmos nossos objetivos e propósitos. Persevere sempre. Valerá a pena! A perseverança e a paz são como tijolos que edificam grandes acontecimentos.

DIA 17
VALE A PENA

Estamos vulneráveis diante dos fatos irritantes, dos enfrentamentos com o desconhecido, da enfermidade, da crise financeira... Enfim, nem sempre podemos evitar circunstâncias como essas, pois são inerentes aos humanos. Quando precisar enfrentá-las, seja paciente consigo mesmo, pois só você sabe da sua verdadeira história.

DIA 18
A PERSEVERANÇA É NOSSA ALIADA

"Não só isso, mas também nos gloriamos nas tribulações, porque sabemos que a tribulação produz perseverança; a perseverança, um caráter aprovado; e o caráter aprovado, esperança. E a esperança não nos decepciona, porque Deus derramou seu amor em nossos corações, por meio do Espírito Santo que ele nos concedeu."

(Romanos 5:3–5)

A perseverança é a nossa aliada frente às tribulações e dificuldades. Nosso bom caráter, esperança e garra são degraus para alcançarmos nossos propósitos. Não podemos desperdiçar nem mesmo os desafios, afinal de contas, é por meio deles que construímos nossa jornada e evoluímos como seres humanos.

DIA 19
PACIÊNCIA, AMOR E RENÚNCIA

Paciência, amor e renúncia caminham juntos. Para manter um relacionamento saudável, precisamos dessas doses. Hoje, de quais doses você precisará para seguir?

DIA 20
PACIÊNCIA NA MEDIDA CERTA

Como tudo nessa vida, acredito também que a paciência precisa ser equilibrada. Ter paciência demais só fará você ficar estacionado. É preciso buscar o momento certo para agir com sabedoria, pois a espera passiva não é saudável. Aja com cautela, mas não pare!

DIA 21
NÃO SE CULPE

Não se culpe se algum dia perdeu a paciência. Somos seres humanos e temos nossos limites, que muitas vezes não são respeitados. Graças a Deus, sempre recebemos uma nova chance de recomeçar e construir algo bom de uma situação que inicialmente não foi favorável.

Aprenda também com seus momentos de impaciência e saiba que é possível fazer diferente em outras circunstâncias.

DIA 22
PESSOAS FORTES

Alguns dizem que os pacientes são os mais fortes. Em partes, eu até concordo com isso, pois a paciência nos leva a caminhos mais assertivos. No entanto, considero as pessoas verdadeiras — que não deixam nada para resolver depois — como pessoas fortes, pois expressam sua opinião, são vulneráveis... Além disso, elas falam com o coração, porque muitas vezes foram pacientes e não foram respeitadas, de modo que acabou chegando a hora de definirem seus limites de uma forma clara.

DIA 23
É IMPORTANTE AGIR COM SABEDORIA, AMOR E PACIÊNCIA

A paz e a sabedoria caminham juntas, mas as boas escolhas nos ajudam a manter a nossa paz — isso inclui as pessoas com quem nos relacionamos. Seja sábio e tenha paz, assim você terá calmaria em sua vida e tomará decisões mais certeiras.

DIA 24
A PAZ DE QUE PRECISAMOS

Às vezes, a paz de que precisamos é apenas descansar e não fazer nada. Então, tire um dia para cuidar de você, para desfrutar da calmaria, de um banho demorado, de uma oração a Deus com o coração aberto, de uma boa leitura... Aproveite para tomar um de seus vinhos preferidos ou assistir àquela série de que você tanto gosta. Enfim, feche as portas para o mundo exterior e gaste um tempo consigo.

Nem sempre precisamos estar em movimento. Tempos de solitude, contemplação e calmaria são necessários, fazem bem para a alma e trazem equilíbrio emocional. Há muitas coisas belas dentro de você. Permita-se encontrá-las em momentos de paz.

DIA 25
SELECIONE AS PESSOAS QUE ESTARÃO MAIS PRÓXIMAS A VOCÊ

"Como é feliz aquele que não segue o conselho dos ímpios, não imita a conduta dos pecadores, nem se assenta na roda dos zombadores!"

(Salmos 1:1)

Devemos ser amáveis com todos os que estão a nossa volta, fazer o bem sem olhar a quem. Isso é o que Jesus requer de nós. Em períodos decisivos, entretanto, teremos que selecionar aqueles que estarão mais perto, com quem teremos um vínculo mais próximo.

Existem sujeitos que se aproximam de nós como se quisessem o nosso bem, mas que nos sugam. São invejosos, ciumentos e portadores de más energias. Deles, sim, precisamos nos afastar, e podemos fazer isso sem medo nem culpa. O salmista nos alerta sobre essas pessoas. Seja cordial e amável sempre, mas não divida sua vida e intimidade com elas.

DIA 26
TEREMOS AFLIÇÕES NESTE MUNDO

"Eu disse essas coisas para que em mim vocês tenham paz. Neste mundo vocês terão aflições; contudo, tenham ânimo! Eu venci o mundo."

(João 16:33)

Jesus já nos alertou para o fato de que aflições recairiam sobre nós, mas precisamos nos lembrar de que podemos vencê-las e de que nada dura para sempre. Tenhamos bom ânimo! Ele venceu e nos dará forças para vencer também!

DIA 27
A ESCOLHA DE MANTER A PAZ É NOSSA

"Que a paz de Cristo seja o juiz em seu coração, visto que vocês foram chamados para viver em paz, como membros de um só corpo. E sejam agradecidos."

(Colossenses 3:15)

Um juiz tem o poder em suas mãos e é ele quem decide a sentença. Lendo esse versículo, penso que a escolha de nos manter em paz diante de uma dificuldade é nossa. Podemos ter a confiança de que o céu está a nosso favor porque Jesus nos chamou para viver em paz.

DIA 28
ESFORCE-SE PARA PROMOVER A PAZ

"Por isso, esforcemo-nos em promover tudo quanto conduz à paz e à edificação mútua."

(Romanos 14:19)

Promover a paz é um exercício que pode ser bastante desafiador, mas esse é o sentimento mais pleno e gostoso da vida. Esforcemo-nos, então, para promovê-lo e edificar uns aos outros!

DIA 29
DEUS NOS ABENÇOA COM FORÇA E PAZ

"O Senhor dá força ao seu povo; o Senhor dá a seu povo a bênção da paz."

(Salmos 29:11)

A Bíblia está cheia de respostas para a nossa vida diária. Podemos fazer dela um manual, pois, se meditarmos na palavra de Deus, Ele nos dará força e paz. Medite nela e pratique o bem, a empatia e o altruísmo. Essas são formas de fazer as pessoas felizes e promover a paz.

DIA 30
CONTRA A PAZ NÃO HÁ ARGUMENTOS

Que a paz e o amor possam encher nossos corações de forma que transbordemos em empatia com o próximo, deixando como legado um mundo melhor. Contra a paz não há argumentos!

maio
PERDÃO

DIA 1
DISTRIBUA O AMOR

Ah, o amor... Como é bom amar e ser amado. Como é bom respirar o amor. Ele enaltece a alma e, às vezes, fere também, ao mesmo tempo em que é cura e acalma a guerra. Esse é um dos dons mais sublimes!

Só quem tem amor pode distribuí-lo, transformar uma atmosfera cinza em uma vermelha, onde o amor e a paixão enfeitam o ambiente, encantam, alegram, trazem sentido à vida e leveza à alma.

Ame! Compartilhe amor por onde for e verá que o grande significado de uma vida bem vivida é viver em amor.

DIA 2
SER MÃE

Uma das maiores felicidades dessa vida é ser mãe. O amor de mãe é incondicional — é voraz, não mede esforços para proporcionar o melhor para os filhos. Esse amor alegra e, ao mesmo tempo, dói.

Tornar-se mãe é desenvolver um amor infinito, que não se divide, apenas se multiplica. É doar nosso corpo, nosso tempo, nossa dedicação. Com todo o amor que podemos dar, é sempre bom ter um colo para oferecer.

DIA 3
NÃO DESISTA DE AMAR

"Assim, permanecem agora estes três: a fé, a esperança e o amor. O maior deles, porém, é o amor."

(1 Coríntios 13:13)

O amor é um dos sentimentos mais belos e gostosos da vida. Quem ama sempre está pronto para fazer o bem. O amor enaltece a alma, nos revigora, mas também dói quando não somos correspondidos. No entanto, não podemos desistir de amar.

O amor só faz bem quando doamos, pois ele é benéfico para nós e para quem está ao nosso redor. Doe amor. Só ele pode curar todo e qualquer mal.

DIA 4
O AMOR VERDADEIRO É SINCERO

"O amor deve ser sincero. Odeiem o que é mau; apeguem-se ao que é bom. Dediquem-se uns aos outros com amor fraternal. Prefiram dar honra aos outros mais do que a vocês."

(Romanos 12:9–10)

O verdadeiro amor é sincero, não faz mal, não destrói ninguém. Amar é fazer o bem, é desejar o bem, é a felicidade plena que o ser humano pode sentir. O amor é o que dá sentido à vida. Invista nele e verá que vale a pena.

DIA 5
AMOR E PERDÃO

Amor e perdão caminham lado a lado. O perdão se faz necessário em muitos momentos da nossa vida. Não somos perfeitos e estamos sujeitos a cometer erros, ao passo que ficamos felizes ao sermos perdoados.

Quando perdoamos, estamos dizendo ao outro que somos imperfeitos e que estamos todos aqui evoluindo e aprendendo. Quem perdoa se liberta dos sentimentos negativos, da raiva, das mágoas que só causam malefícios para o nosso organismo.

As pessoas mais amorosas são aquelas que são mais rápidas em perdoar, de modo que vivem melhor e curtem a vida com mais leveza na alma. Perdoar sempre será o melhor caminho!

DIA 6
PERDOAR É LIBERTADOR

"Se o seu irmão pecar, repreenda-o e, se ele se arrepender, perdoe-lhe. Se pecar contra você sete vezes no dia e sete vezes voltar a você e disser: 'Estou arrependido', perdoe-lhe."

(Lucas 17:3–4)

Nem sempre é fácil perdoar, mas acredito que tudo na vida começa com uma decisão. Por meio dos versículos citados, podemos perceber a importância de fazermos isso. Ao decidirmos pelo perdão, compreendemos o quão benéfico ele é para nós e para o outro.

Alguns estudos relatam que a falta de perdão, a raiva, a mágoa e os sentimentos negativos fazem mal para a nossa saúde emocional. Tais energias destrutivas precisam ser tratadas, caso contrário nos levarão à solidão, à ruína, trarão doenças emocionais e até físicas.

O perdão é a chave de libertação para a nossa alma. Jesus já nos ensinava sobre isso! Não temos que andar com pessoas que são especialistas em nos ferir, mas devemos perdoá-las e seguir nossos caminhos. O perdão é libertador e quebra as correntes da negatividade.

DIA 7
SENTIMENTO QUE VEM DO CORAÇÃO

O amor não se vê com os olhos, mas é sentido no coração e pode nos fortalecer diante das batalhas da vida. Nos momentos difíceis, só o amor pode nos acalmar, dar esperança e trazer alento aos dias mais incertos. Com o amor, podemos vencer toda e qualquer tempestade.

DIA 8
EQUÍVOCOS NO CAMINHO

Muito se fala no amor e na empatia, mas podemos cometer equívocos ao identificá-lo, porque o verdadeiro amor é revelado nos dias mais nebulosos e sombrios. Se alguém te deixou em meio a algum desses momentos, saiba que o que ele sentia por você não era amor, era só um engano do coração. O verdadeiro amor transcende todos os obstáculos, nos ensina, nos evolui e caminha lado a lado com a gente.

DIA 9
FILHOS

Nossos filhos nos dizem que nos amam, mas eles só entenderão o verdadeiro significado desse sentimento quando se tornarem pais também. Ser pai e mãe é se doar e amar incondicionalmente.

DIA 10
A CONTINUAÇÃO DA NOSSA GERAÇÃO

"Os justos florescerão como a palmeira, crescerão como o cedro do Líbano; plantados na casa do Senhor, florescerão nos átrios do nosso Deus. Mesmo na velhice darão fruto, permanecerão viçosos e verdejantes, para proclamar que o Senhor é justo. Ele é a minha rocha; nele não há injustiça."

(Salmos 92:12–15)

Como é bom ter uma avó por perto, sentir o carinho, o alento, o cheirinho de uma comidinha gostosa. Amor de avó é uma delícia! Costumo dizer que quero ser uma avó bem acolhedora, de modo que meus netos venham para a minha casa para curtir uma comidinha boa e fazer sapequices sem levar bronca.

Quero ter a casa cheia de netos e ver meus filhos, noras e genros felizes, desfrutando de todo amor e carinho que eu possa dar. Não medirei esforços para que isso aconteça, pois podemos ver na Bíblia que uma promessa de Deus é que, na velhice, continuaremos a dar frutos.

Essa é uma dádiva! Não tem preço poder contemplar a continuação da nossa geração.

DIA 11
AMORES EXUBERANTES

Quero um amor exuberante, de amantes apaixonados, de paixão vermelha, com chamego, que me faça suspirar de desejo, mas também quero um amor sereno, calmo, um amor de brisa leve que traga paz. Que o amor seja essa mistura de temperos!

DIA 12
NOITES ENLUARADAS

Noites enluaradas, com vento fresco e brisa que bate no rosto, trazendo na boca o sabor quente da paixão. Um vinho, duas taças, dois corações abertos para o amor. Amor de cor vermelha da paixão, que esquenta a alma e faz estremecer o coração. Amor que esquenta as noites gélidas, que aquece a alma fria, mas que faz o coração bater por uma grande paixão.

DIA 13
SOBREVIVENDO DE AMOR

Me deleito nos seus braços, do seu amor sobrevivo. Quando o amor aquece a minha paixão, é assim que me sinto: viva. Por mais noites quentes onde a paixão é a convidada. Sinta-se à vontade para fazer do meu coração a sua morada.

DIA 14
PERDÃO É LIBERTAÇÃO

O perdão é uma forma de libertação. Com ele, podemos começar a viver sem perfeição. Um dia, nós erramos e somos perdoados, no outro, perdoamos para sempre estarmos aconchegados. O perdão é sublime e constrói pontes que nos aproximam. Que o perdão seja a ponte onde o amor e a compreensão caminhem juntos, de mãos dadas.

DIA 15
PERDOAR É UMA DEMONSTRAÇÃO DE AMOR

"Se confessarmos os nossos pecados, Ele é fiel e justo para perdoar os nossos pecados e nos purificar de toda a injustiça."

(1 João 1:9)

Estamos sujeitos a cometer erros, a pecar, mas temos um Deus que é fiel e justo para nos perdoar. Podemos aprender com os nossos erros, caminhar para a evolução como seres humanos melhores, tirando das situações ruins aprendizado e perdão. Podemos aprender com o Senhor que pode transformar qualquer pessoa por meio da graça.

Em um ambiente de trabalho, por exemplo, podem acontecer várias situações chatas e desagradáveis. No entanto, podemos tornar o ambiente mais sereno se perdoarmos. Pratique o perdão onde estiver e verá coisas transformadoras acontecerem. Perdoar é uma demonstração de amor.

DIA 16
A FALTA DE PERDÃO TRAZ TRISTEZA PARA A ALMA

"Agora, pelo contrário, vocês devem perdoar-lhe e consolá-lo, para que ele não seja dominado por excessiva tristeza."

(2 Coríntios 2:7)

Podemos ver nesse versículo que a falta de perdão traz tristeza e abatimento de alma. Proponha-se a perdoar, a refletir se sua tristeza e inquietude não são um sintoma da falta de perdão. Perdoe sempre e se perdoe também, pois isso gerará paz e alegria em seu interior.

DIA 17
A FALTA DE PERDÃO DESTRÓI FAMÍLIAS

"O ódio provoca dissensão, mas o amor cobre todos os pecados."

(Provérbios 10:12)

O ódio e a falta de perdão destroem famílias, mas com o amor e o perdão podemos construir lindas histórias de vida. Sempre haverá uma chance para recomeçar, para viver melhor nossos dias, para priorizar a paz e o amor e derrubar as barreiras que só esses sentimentos são capazes de abalar.

DIA 18
COLOQUE AMOR EM TUDO O QUE VOCÊ FAZ

"A medida do amor é amar sem medida."

(Santo Agostinho)

Gosto muito dessa frase e digo que devemos colocar amor em tudo que fazemos: desde as coisas mais simples, como arrumar uma mesa, até deixar na geladeira a sobremesa predileta de um filho, esperar o marido chegar do trabalho e fazer aquela massagem que ele gosta... Enfim, podemos transmitir o nosso amor em ações de variadas maneiras.

O amor sem ação é estéril. Quando agimos de forma amorosa, conquistamos recompensas imensuráveis até para as futuras gerações, pois sempre somos um exemplo para alguém.

DIA 19
RECIPROCIDADE FAZ PARTE DO AMOR

Acredito que o amor pode perdurar uma vida toda, mas a reciprocidade é a chave para isso. Por um tempo, podemos investir no amor e essa semente pode brotar, mas se ela não for regada com reciprocidade, acabará morrendo. Ninguém ama sozinho. Diariamente, regue seu amor com a reciprocidade!

DIA 20
NÃO É O AMOR QUE SUSTENTA O RELACIONAMENTO, É O MODO DE SE RELACIONAR QUE SUSTENTA O AMOR!

Você já deve ter ouvido falar nessa frase do título, e acredito muito nela! A maneira com que nos relacionamos muda tudo. Há momentos de renúncia, de entrega e de colocar os pingos nos "is". De forma madura e com serenidade, podemos ter um relacionamento estável e saudável, buscando sempre entender o lado do outro — essa é uma troca extremamente importante. Não basta só o amor, a paixão, o fogo; é a forma com que nos relacionamos dentro desse amor que faz com que ele seja duradouro ou não.

DIA 21
O AMOR PODE FAZER UM JARDIM FLORESCER EM MEIO AOS DESERTOS DA VIDA

Quando você tem um verdadeiro amor, luta junto, enfrenta os obstáculos e não desiste diante de um sacrifício. Não estou dizendo que são só flores, entretanto, se esse sentimento for real, pode fazer um jardim florescer mesmo em meio aos desertos que a vida nos traz.

DIA 22
O VERDADEIRO AMOR É ÚNICO

Podemos experimentar várias paixões, mas quando o verdadeiro amor chegar, ele será único, singular. Para mim, amor é só um — é um encontro de almas que se conectam no mesmo propósito de amar. É dividir a vida, construir uma família, é investir na reciprocidade, no perdão, na lealdade. Quando a maldade de fora vier ou a inveja tentar atingir, quem se ama pode afirmar: Aqui não tem lugar para você, apenas para o verdadeiro amor.

DIA 23
O AMOR NÃO SE DIVIDE, ELE SE MULTIPLICA!

O amor, quando correspondido, não se desgasta. Quanto mais se tem, mais aumenta. O amor não se divide, só se multiplica!

DIA 24
A VERDADEIRA BELEZA É A DO INTERIOR DE CADA PESSOA

Como é bom falar e viver o amor... Ele não está presente só na beleza exterior. Acredito que, num primeiro momento, somos atraídos por ela, mas, na medida em que o tempo passa, podemos continuar atraídos por alguém ou não, pois o que cada um carrega na essência, no seu íntimo, é que pode revelar a beleza que durará por uma vida.

DIA 25
ENCONTRAR O VERDADEIRO AMOR É UM PRESENTE DE DEUS

"Quem encontra uma esposa encontra algo excelente; recebeu uma bênção do Senhor."

(Provérbios 18:22)

Para mim, quem encontra o verdadeiro amor recebeu de Deus um presente, uma dádiva. Com ele, a vida fica mais colorida, mais cheia de vida, mais graciosa. Dê valor quando sentir que encontrou o seu amor, crie momentos inesquecíveis para vocês e aproveite-os em sua plenitude. Ninguém é feliz sozinho. Somos seres relacionais, e o amor é nosso combustível para viver!

DIA 26
TEMPERO NO AMOR

Segundo pesquisas, nosso cérebro fixa mais as experiências que nos trazem felicidade e que criam memórias significativas, as quais permanecem vivas em nossa mente e coração. Os cinco sentidos que estão relacionados com a percepção dos meios interno e externo são olfato, paladar, visão, audição e tato.

Esses meios proporcionam uma grande variedade de sensações, que são percebidas graças ao nosso sistema nervoso e aos nossos órgãos dos sentidos. Você já deve ter se perguntado o que realmente agrada a um homem ou o que trará impacto ao cérebro dele — são os momentos inesquecíveis!

Invista na intimidade de vocês e use os cincos sentidos a seu favor. Descubra o perfume que ele mais gosta em você (olfato), qual música lhe agrada mais (audição), faça seu prato preferido (paladar), use aquela roupa que ele gosta de te ver vestida (visão), divirta-se com a textura de um óleo ou de um creme que ele deva gostar (tato). Deixe a paixão fluir e conduzir esse momento de intimidade que é tão importante para o casal.

DIA 27
O APOIO FAZ PARTE DA CAMINHADA DO AMOR

O apoio faz parte da caminhada do amor. Quando seu cônjuge chegar estressado por alguma razão, apoie-o, tome conhecimento do que está tirando seu sono e ofereça um ombro amigo.

Talvez, num primeiro momento, o caminho esteja obscuro, mas procure acalmá-lo e dizer que você estará orando para que tudo dê certo e que ele pode contar com sua colaboração para o que for preciso. Em meio aos invernos da vida, tudo o que precisamos é de apoio. Faça seu companheiro querer voltar para casa depois de um dia exaustivo de trabalho.

DIA 28
NADA PODE NOS SEPARAR DO AMOR DE DEUS

"Pois estou convencido de que nem morte nem vida, nem anjos nem demônios, nem o presente nem o futuro, nem quaisquer poderes, nem altura nem profundidade, nem qualquer outra coisa na criação será capaz de nos separar do amor de Deus que está em Cristo Jesus, nosso Senhor."

(Romanos 8:38–39)

Nada, absolutamente nada pode nos separar do amor de Deus, porque Ele nos amou primeiro, nos deu Seu filho Jesus para que todos aqueles que nEle creem tenham a vida eterna.

Como é maravilhoso pensar que temos um Criador que nos permitiu ter a vida terrena e que ainda nos oferece a vida eterna em glória com Ele! Que bênção saber que nenhuma maledicência pode nos separar do Seu amor nem impedir o Seu propósito para nós.

DIA 29
O AMOR PODE CONTAGIAR TODOS A SUA VOLTA

Que o amor aumente, que ele aqueça seu coração, que você viva em amor e experimente o melhor dessa vida. Que você tenha o entendimento necessário para conduzir um sentimento tão precioso, que o amor transborde a ponto de contagiar todos a sua volta.

DIA 30
O PERFEITO AMOR

"Ainda que eu fale as línguas dos homens e dos anjos, se não tiver amor, serei como o sino que ressoa ou como o prato que retine. Ainda que eu tenha o dom de profecia e saiba todos os mistérios e todo o conhecimento, e tenha uma fé capaz de mover montanhas, mas não tiver amor, nada serei. Ainda que eu dê aos pobres tudo o que possuo e entregue o meu corpo para ser queimado, mas não tiver amor, nada disso me valerá. O amor é paciente, o amor é bondoso. Não inveja, não se vangloria, não se orgulha. Não maltrata, não procura seus interesses, não se ira facilmente, não guarda rancor. O amor não se alegra com a injustiça, mas se alegra com a verdade. Tudo sofre, tudo crê, tudo espera, tudo suporta. O amor nunca perece; mas as profecias desaparecerão, as línguas cessarão, o conhecimento passará. Pois em parte conhecemos e em parte profetizamos; quando, porém, vier o que é perfeito, o que é imperfeito desaparecerá. Assim, permanecem agora estes três: a fé, a esperança e o amor. O maior deles, porém, é o amor".

(1 Coríntios 13)

DIA 31
A ALEGRIA DEVE SER COMPARTILHADA COM AS PESSOAS QUE AMAMOS

Como a felicidade está nos momentos que ficam marcados no coração! Em geral, momentos felizes ocorrem quando estamos com pessoas especiais. Na alegria, precisamos de alguém para compartilhá-la, afinal, não faz sentido estar alegre sozinho. Nos momentos difíceis, traz alento ao nosso coração um abraço amigo, ter alguém com quem contar. A vida é feita de pessoas, Deus, família e amigos. Assim, tudo fica mais colorido e com mais sabor.

junho

MEDO

DIA 1
OS 2 LADOS DO MEDO

O medo é um sentimento normal do ser humano, mas existe um lado bom nele, que é quando nos alerta do perigo, que nos impulsiona a nos defender e nos leva a agir com mais cautela diante de várias situações. No entanto, também existe o medo exagerado, que paralisa, que leva as pessoas a serem passivas demais ou deixarem de conhecer algum lugar.

Tudo tem solução! Acredito muito no poder da oração e também nas terapias que podem ajudar com o medo exagerado. Não deixe de desfrutar das coisas boas da vida por medo. Procure ajuda e você a encontrará!

DIA 2
NÃO DEIXE O MEDO LIMITAR VOCÊ

Não tenha medo, siga em frente. Não deixe que o temor te paralise no meio do caminho. Acredite na força da sua fé e persista. Se tiver que fazer algo, faça com medo mesmo. Não deixe que ele seja um limite para você!

DIA 3
ENFRENTE OS SEUS MEDOS

Ninguém gosta de confessar seus medos, mas, em algum momento, todos teremos que os enfrentar. Enfrentar é prosseguir, refletir sobre as circunstâncias geradoras desse pavor e buscar ajuda, seja ela terapêutica ou espiritual. Medite e pense naquilo que te faz bem, que gera alegria e esperança.

O medo, às vezes, surge da racionalização exagerada, das preocupações demasiadas. Não deixe de viver o presente com medo do futuro. Faça tudo que puder, hoje, tudo que lhe proporciona bem-estar e alegria. Apenas faça!

Desprenda-se do medo. Seja o protagonista da sua própria história!

DIA 4
MOVIMENTE-SE

Não fomos feitos para ficar parados com o nosso corpo físico, precisamos nos movimentar para ter mais saúde física e mental. Diariamente, estamos vulneráveis ao que pode nos acontecer. Pensamos demais, ficamos presos a emoções ruins ou em situações que não irão mudar o que está ao nosso redor, mas que, ao contrário, farão mal ao nosso físico e à nossa saúde mental.

Se uma situação não estiver legal para você, reflita sobre o que pode e deve mudar. Mesmo com as vulnerabilidades a que estamos sujeitos, mudar e se movimentar sempre serão boas opções. Podemos aprender coisas que nunca imaginamos e encontrar uma saída para cada situação desafiadora. Movimente-se!

DIA 5
NÃO DEIXE O MEDO TE FECHAR PARA NOVOS RELACIONAMENTOS

Quem nunca se decepcionou com uma amizade, um amor ou até mesmo com familiares? Não deixe o medo te fechar para novos relacionamentos. Não demore a perdoar. Siga em frente! Amigos, amor e família são necessários!

Como é gostoso ter pessoas com quem podemos compartilhar nossos momentos de alegria e dividir nossas dores. A vida só faz sentido quando temos com quem compartilhá-la. Viva e deixe o medo de lado!

DIA 6
O MEDO NÃO PODE TE IMPEDIR DE ACREDITAR NO AMOR

Não deixe de acreditar no amor por medo. Acredite nas pessoas que realmente te amam e se importam com você. Faça da vida um espetáculo, viva-a intensamente, não deixe o medo te desanimar. Olhe para o céu e enxergue, a cada dia, uma oportunidade de recomeço.

DIA 7
NÃO TENHA MEDO DA INVEJA DOS OUTROS, ELA PODE TE LEVAR AO PROPÓSITO DE DEUS PRA VOCÊ

"Quando os seus irmãos viram que o pai gostava mais dele do que de qualquer outro filho, odiaram-no e não conseguiam falar com ele amigavelmente. Certa vez, José teve um sonho e, quando contou a seus irmãos, eles passaram a odiá-lo ainda mais."

(Gênesis 37:4–5)

Muitas pessoas têm medo da inveja. Ela pode ser perigosa mesmo, e percebemos isso na história de José do Egito — seus próprios irmãos o venderam como escravo por conta desse sentimento!

Foi a inveja que levou José para onde o seu propósito estava. Ele foi para o lugar onde Deus gostaria que estivesse e se tornou o governador do Egito. José foi expulso pela inveja de quem não conseguia enxergar o que o Senhor estava fazendo com ele.

Nem mesmo a inveja e o ódio podem roubar aquilo que Deus tem para você ou apagar o propósito para o qual você foi chamado. Não estou falando de talentos, mas propósitos de vida, aqueles sonhos e projetos que o Senhor confirmou no seu coração. Só sofrem de inveja os que são muito amados!

Não tenha medo da inveja, pois ela pode te levar para mais perto dos seus propósitos.

DIA 8
DIGA NÃO À INVEJA

A inveja é um sentimento horrível com o qual, um dia, todos nós teremos que lidar. Trata-se de querer ter o que o outro tem; é um desgosto alheio pelo que pertence ao outro, pela felicidade do outro. Tenha a certeza de que o invejoso sofre, e o mal maior é seu sofrimento. Se você estiver lidando com invejosos, ore e siga seu caminho confiante que em tudo Deus te ajudará. O que Ele tem para você é seu.

Somos únicos no teatro da vida, e Deus tem um propósito para cada um, até para o invejoso. Ele ama a todos! Se você tem algum sentimento de inveja, peça a Deus para tirar isso do seu coração. Peça que Ele revele os Seus propósitos e você se tornará mais feliz. Diga não à inveja!

DIA 9
PRECISAMOS TER CORAGEM

Na vida, precisamos de coragem. Ela nos impulsiona a realizar sonhos. A coragem não é a ausência do medo, é persistir apesar das dificuldades. Acredite em você, na sua coragem — você pode ir mais longe do que imagina, e as conquistas vêm quando você toma a decisão de tentar. Ouse na sua coragem!

DIA 10
CARACTERÍSTICAS DE PESSOAS INVEJOSAS

Estas são algumas características de pessoas invejosas:

- Humor sarcástico: elas sempre fazem uma piadinha de mau gosto;
- Vivem se intrometendo: ora aparecem com uma fala suave, querendo ajudar, ora falam mal dos outros — o que pode te incluir;
- Peito estufado: tudo dela é melhor. Ninguém pode ter um trabalho, um estilo de vida ou família melhor que a dela. Com frequência, solta frases como "Esse trabalho não combina com você" ou diminui suas conquistas.

DIA 11
A INVEJA PODE DESTRUIR A VIDA DE QUEM SENTE E DE QUEM A RECEBE

O medo de ser afetado pela inveja é real. Esse sentimento maligno tem poder para destruir a vida tanto de quem o sente quanto de quem o recebe. O invejoso sente prazer em causar inveja, em fazer as pessoas sentirem-se mal.

Quando perceber que esse tipo de gente está te rodeando, procure clamar aos céus, ao Deus todo poderoso, que te guiará. Ele te livrará e protegerá desse sentimento, basta clamar!

DIA 12
AFASTE-SE DE PESSOAS INVEJOSAS

Muitas vezes, precisamos fazer escolhas ao longo do caminho, e uma delas é se afastar de pessoas invejosas. Devemos, sim, fazer o bem, mas não precisamos andar junto de pessoas negativas, que sugam nossa energia. Faça suas escolhas sem medo. Escolha quem, de fato, merece caminhar ao seu lado.

DIA 13
NÃO TENHA MEDO DE ADMITIR QUANDO SENTIR INVEJA

Entendo que por trás de um invejoso pode estar a insegurança, a rejeição, a falta de aceitação e de amor-próprio. Você não precisa conviver com esse mal, mas deve insistir com Deus, pedindo misericórdia e perdão para que Ele mude os seus sentimentos. Escolher trilhar o caminho do amor e ser grato por tudo que tem e que ainda está por vir é um grande começo.

A inveja é um sentimento maligno, não a queira para você. Insista em oração e pratique mudanças de pensamento. Não será um processo fácil nem rápido, mas Deus te honrará e guiará ao caminho do bem. Dissipe esse sentimento ruim, nutra sentimentos que encham seu coração de alegria.

Não tenha medo de admitir para si mesmo que esse sentimento te incomoda. Há quem sofra com isso, por isso deixo meu conselho aqui: busque a mudança, reflita naquilo que enche o coração de amor, abandone a inveja, siga rumo à felicidade. Somos únicos no teatro da vida. Seja feliz!

DIA 14
NÃO TENHA MEDO DE SER CRITICADO

Não tenha medo das críticas! Se eu as temesse, não estaria aqui escrevendo para você e este livro nem existiria. Tenha medo de não ser criticado. É! Muitas vezes, não fazemos tudo de forma correta, mas também não estamos parados, e isso é uma conquista.

Quem tem medo das críticas jamais plantará, pois temerá a colheita. Não deixe que as críticas te paralisem; plante boas sementes e colherá bons frutos. Pense nisso!

DIA 15
O MEDO DA REJEIÇÃO TE IMPEDE DE SE RELACIONAR COM AS PESSOAS

Muitas pessoas temem a rejeição e não conseguem se entregar ao amor ou a novas amizades. Sei que até no próprio ambiente familiar podem surgir rejeições, mas não se deixe atingir por aquilo que o outro não tem para te oferecer.

Saiba que não conseguiremos agradar a todos, portanto, não deixe que essa dor te bloqueie. Mude suas perspectivas! Há pessoas cheias de amor no coração, gente de bem que é capaz de oferecer empatia. Deixe quem te rejeitou de lado. A vida é única, então não fique preso a situações e nem a pessoas que não emanam amor. Mude a sua rota, se desprenda e, ao longo do caminho, encontrará pessoas transbordantes de amor.

DIA 16
CUIDADO COM A REJEIÇÃO EMOCIONAL

A rejeição emocional é uma das mais profundas feridas. Em um mundo tão capitalista, tão voltado para status, para a ditadura da perfeição, as pessoas acabam rejeitando umas às outras apesar de muito ser falado sobre empatia.

Está em nossas mãos acolher mais, nos doar mais. Não custa nada ser carinhoso com alguém! Rejeitemos, portanto, a rejeição. Podemos ajudar quem sofre com esse mal em pleno século XXI. Mais amor, por favor!

DIA 17
O VERDADEIRO AMOR LANÇA FORA TODO MEDO

Quais são os seus medos hoje? Medo do futuro? Medo de um filho se perder na vida? Medo de perder um ente querido? Enfim, podemos estar com vários temores, mas a boa mensagem que tenho para você é que, quando estamos conectados com o verdadeiro amor de Deus, Ele lança fora todo o nosso medo.

Sua Palavra diz que não devemos ficar ansiosos pelo amanhã, porque Ele cuida de nós em todos os detalhes. Ele prometeu estar conosco todos os dias até a consumação dos séculos.

DIA 18
NÃO TENHA MEDO DO AMANHÃ

"Portanto eu lhes digo: não se preocupem com suas próprias vidas, quanto ao que comer ou beber; nem com seus próprios corpos, quanto ao que vestir. Não é a vida mais importante do que a comida, e o corpo mais importante do que a roupa? Observem as aves do céu: não semeiam nem colhem nem armazenam em celeiros; contudo, o Pai celestial as alimenta. Não têm vocês muito mais valor do que elas?"

(Mateus 6:25–26)

A palavra de Deus diz para não andarmos ansiosos ou com medo de coisa alguma. No entanto, sei que essa não é uma tarefa tão fácil, ainda mais nos dia de hoje, quando as cobranças sobre nós são tamanhas.

Podemos descansar no Criador do Universo e ter a certeza de que Ele proverá para nós todas as coisas, mas para isso temos que estar conectados com Ele através da oração e da meditação em Sua palavra.

Procure estudar as histórias contidas na Bíblia. Podemos aprender muito com elas, inclusive a ser menos ansiosos.

Faça disso uma prática diária e deixe Deus falar com você. Sem dúvidas, você experimentará coisas lindas!

DIA 19
SE VOCÊ NÃO DECIDIR MUDAR, AMANHÃ NÃO SERÁ DIFERENTE

Quem muda o seu hoje é você! Deus nos dá possibilidades diárias, basta que as agarremos e façamos diferente. Dê o primeiro passo, pois se você ficar parado, o amanhã será igual ao ontem. Siga em direção ao seu alvo e verá que é possível alcançá-lo!

DIA 20
EM MOMENTOS DE MEDO E ANSIEDADE, DÊ UMA PAUSA

"Venham a mim, todos os que estão cansados e sobrecarregados, e eu lhes darei descanso. Tomem sobre vocês o meu jugo e aprendam de mim, pois sou manso e humilde de coração, e vocês encontrarão descanso para as suas almas."

(Mateus 18:28–29)

Tanto o medo quanto a ansiedade têm o seu lado bom. O medo é bom quando nos emite um sinal de alerta para o perigo, já a ansiedade é boa quando nos impulsiona a ação de realizar uma tarefa ou resolver uma situação. No entanto, andar com medo de tudo ou ansioso demais gera uma carga emocional grande e maléfica para a nossa saúde. Hoje, ouvimos falar tanto em ansiedade, mas há mais de 2000 anos Jesus já nos ensinava sobre isso.

Em algum momento da vida, nos sentiremos ansiosos e sobrecarregados. Nessa hora, devemos desacelerar, dar uma pausa, olhar ao redor e ver se tudo aquilo que está nos trazendo tanto estresse de fato é importante. Precisamos aprender com Jesus a elevar nossos pensamentos para a prática da paz, da amabilidade, da solidariedade, do altruísmo e da gratidão. Quando deixamos esses sentimentos tomarem conta do nosso coração, podemos ver a verdadeira paz brotar.

Convido você a ler todo o capítulo de Mateus 18 para ver quantas coisas Cristo tem para nos ensinar e aliviar em nosso coração. Confie nEle e lance fora o medo e a ansiedade!

DIA 21
PARA ONDE VOCÊ ESTÁ OLHANDO?

"Os olhos são a candeia do corpo. Se os seus olhos forem bons, todo o seu corpo será cheio de luz."

(Mateus 6:22)

Para onde você está olhando? Será que não está focado demais em coisas que alimentam seus medos? A Bíblia nos ensina que devemos olhar para coisas boas, a fim de que o nosso corpo seja cheio de luz.

Não se foque em coisas e sentimentos negativos, como a fofoca, a inveja e o desamor. Olhe as coisas boas ao seu redor, pois elas te ajudarão a sair desse medo emocional. Resolva os seus medos e, se necessário for, busque a ajuda de Deus através de um pastor que te explique mais sobre esse sentimento ou um terapeuta que trabalhe essas questões.

Mude seu olhar. Não fique preso ao medo que lançaram sobre você. Volte-se para as coisas espirituais que vão além desta vida. Deixe seu corpo se tornar cheio de luz e sentirá uma paz inexplicável!

DIA 22
O TEMPO É A NOSSA MAIOR RIQUEZA

A ansiedade é o mal do século. Segundo estudiosos, a ansiedade e o pensamento acelerado estão invadindo demais nossas vidas. Por exemplo, coisas que um rei demorava cinco anos para fazer, nossos filhos estão aprendendo em dois. Uma criança de sete anos tem mais dados em seu cérebro do que grandes pensadores da Grécia Antiga.

Sei que a cultura da humanidade vem mudando constantemente, mas com ela têm crescido os transtornos mentais e as doenças psicossomáticas. Por isso, precisamos desacelerar.

Se tivermos que ter medo de algo, temamos não estar dando valor ao que realmente importa. Tudo o que temos de mais precioso e concreto é o nosso tempo. Então, tenha medo de gastá-lo com aquilo que não é necessário, que só te leva à ansiedade exagerada ou ao desperdício de tempo.

DIA 23
PEÇA COM FÉ

"Peça-a, porém, com fé, sem duvidar, pois aquele que duvida é semelhante à onda do mar, levada e agitada pelo vento."

(Tiago 1:6)

Devemos pedir e pedir com fé! Peça, que Ele te ouvirá, seja qual for o seu medo. Ele sempre tem uma resposta para dar, basta crer e pedir o seu auxílio. Cristo virá ao seu encontro.

DIA 24
MEDO E ANSIEDADE CAMINHAM JUNTOS

Como já sabemos, o medo e a ansiedade caminham juntos. Vivemos em um mundo capitalista que nos leva a uma busca incessante por melhores coisas, por ganhar mais dinheiro, por ascender socialmente, por ser os melhores em tudo, por ter o corpo perfeito (especialmente as mulheres, que sofrem com a ditadura da beleza).

Não estou dizendo que o dinheiro é ruim, na verdade, ele compra muitas coisas e nos gera bem-estar. Não há maldade alguma em buscarmos ser melhores ou em nos cuidar, mas não podemos colocar nosso coração demasiadamente nessas coisas, porque ficaremos sobrecarregados.

Tudo que precisamos ter em nossa vida gera uma demanda muito grande sobre nós. Se não tomarmos cuidado, podemos perder nosso equilíbrio, o que causará ansiedade. Precisamos cuidar das coisas materiais, mas temos que ter um tempo reservado para aquilo que nos gera prazer e promove a nossa paz. Paz essa que vai além das coisas terrenas, que vem da esfera espiritual, aquele descanso de que nosso coração e mente precisam.

Reserve um tempo para refletir sobre as coisas do coração e verá que uma paz grandiosa invadirá sua alma. Fale com o Criador, pois Ele está sempre disposto a te ouvir.

DIA 25
DEIXE A ANSIEDADE DE LADO E APROVEITE A SUA VIDA

Não deixe que a ansiedade e o medo roubem seus momentos maravilhosos. Sabe aquele dia em que você está ansioso demais e recebe um convite para jantar, mas não aceita por estar muito nervoso e depois fica sabendo que foi tudo incrível? Saiba que perdeu a oportunidade de relaxar um pouco.

Receba este conselho: tudo na vida tem um jeito, talvez não como nós queremos, mas tem. Nada é para sempre, nem a alegria, nem a tristeza, muito menos o medo e a ansiedade. Então, pegue as oportunidades de curtir momentos agradáveis e desfrute deles. Deixe a malinha da ansiedade de lado, avise que você vai ser feliz.

A vida é um sopro. Corremos e nos preocupamos tanto, mas não temos o controle de tudo. Entendo que algumas vezes precisamos nos preservar e ficar no nosso canto, em silêncio, até que as coisas se acalmem, mas busque, sempre que possível, não desperdiçar instantes que podem ser maravilhosos.

A vida passa muito rápido. Se chegarmos aos 80 ou 90 anos, é provável que tenhamos que carregar algumas sacolas de remédio. Não deixe a felicidade dos pequenos momentos escapar das suas mãos. A vida é para ser vivida. Não passe por ela desatento, viva intensamente. Jogue a tristeza e o medo de lado e seja feliz!

DIA 26
VOCÊ É O PROTAGONISTA DA SUA VIDA

Você já pensou sobre o que está fazendo com a sua vida? Você está vivendo ou apenas passando por ela? Lembre-se de que você é o protagonista da sua história, por isso pode construir coisas lindas, pois foi chamado para um propósito. O medo, a ansiedade e a tristeza são intrusos na nossa jornada, os verdadeiros convidados são somente o amor, a alegria e a perseverança.

DIA 27
NÃO TENHA MEDO DE ERRAR

Arrisque-se, não tenha medo de errar, afinal de contas, podemos aprender com os erros e fazer ainda melhor. Jogue-se na vida!

DIA 28
ALIMENTE MAIS A SUA CORAGEM DO QUE O SEU MEDO

Temos que alimentar mais a nossa coragem do que os nossos medos. Vamos usar o medo bom, aquele que nos mantém em alerta e vigilância para nos livrar do perigo. Vamos alimentar nossa coragem, colocando nutrientes nela. Você é um ser único. Tenha coragem de ser quem é. Só você sabe da sua história e o que passou para chegar até aqui. Use a coragem a seu favor! Vá e arrase! A vida deve ser vivida com coragem.

DIA 29
SE CONFIAMOS EM DEUS, NÃO TEMOS MEDO DA MORTE

Algumas pessoas sofrem com medo da morte, mas ela é inevitável. Passaremos para o mundo espiritual querendo ou não, mas a boa notícia é que já temos um lar nos esperando do outro lado. Se crermos que Jesus é o nosso salvador, seremos salvos. Devemos, portanto, meditar e entender o que a Bíblia fala sobre isso. Ore e confesse a Jesus de todo o seu coração. Ele é o seu único e suficiente Salvador. Busque a Sua palavra e se sentirá em paz, como nunca antes.

DIA 30
NÃO TENHA MEDO, DEUS ESTÁ COM VOCÊ

"Por isso não tema, pois estou com você; não tenha medo, pois sou o seu Deus. Eu o fortalecerei e o ajudarei; eu o segurarei com a minha mão direita vitoriosa. Pois eu sou o Senhor, o seu Deus, que o segura pela mão direita e lhe diz: Não tema; eu o ajudarei."

(Isaías 41:10–13)

Busque o Senhor e confie. Ele sempre está disposto a te ajudar!

julho
POSITIVIDADE

DIA 1
SER POSITIVO É UMA ESCOLHA

"O coração bem disposto é remédio eficiente, mas o espírito oprimido resseca os ossos."

(Provérbios 17:22)

Ser positivo é uma escolha, é uma atitude que devemos praticar todos os dias de nossas vidas, é uma porta aberta para Deus trabalhar! A Bíblia nos ensina que um coração bem disposto é como um remédio para nossas aflições e tristezas.

Quem é positivo atrai coisas boas. Quem é que não gosta de estar perto de pessoas alegres? Elas mudam as circunstâncias a sua volta. Sendo assim, pratique a positividade e seja mais feliz. Não deixe que coisas pequenas do cotidiano estraguem seu dia.

DIA 2
NÃO ABANDONE PESSOAS NEGATIVAS, EQUILIBRE SEUS RELACIONAMENTOS

Assim como uma pessoa positiva faz bem a quem está perto dela, existem pessoas negativas que vivem murmurando e achando que nada está bom. Contudo, não deixe de amá-las e ore por elas. Saiba equilibrar seus relacionamentos com quem é assim, para que você preserve sua saúde e bem-estar.

DIA 3
NÃO SE DEIXE ABATER POR PESSOAS NEGATIVAS

Por mais cruel que seja uma pessoa, acredite sempre em seu potencial. Não deixe que a negatividade dela roube a sua vitalidade. Você sabe quem é, foque na sua alegria e positividade! As energias ruins do outro não são suas, então não se deixe abater.

DIA 4
O ESPETÁCULO DA VIDA

A vida é um grande espetáculo. Então, passemos por ela com alegria e positividade, tomemos boas atitudes, perseveremos naquilo que nos faz bem. Todos os dias temos a chance de recomeçar. Dê o seu melhor!

DIA 5
SEJA OTIMISTA MESMO NOS DIAS CINZAS

Não é fácil ser otimista nos dias cinza. A tristeza, a insegurança e o cansaço podem aparecer e bater à nossa porta, mas se manter otimista é uma decisão. A palavra de Deus nos ensina a ser fortes e corajosos. Os dias cinza são reveladores. Eles nos mostram o quanto somos fortes e podemos mudar as circunstâncias à nossa volta.

DIA 6
DIAS DIFÍCEIS SÃO TÃO IMPORTANTES QUANTO OS ALEGRES

Aprendemos mais nos dias difíceis do que nos alegres, mas precisamos dos dois! Dias de alegria, calmaria e paz são refrigério e abastecimento para nossas almas; dias difíceis revelam nossa potencialidade e o agir de Deus em nossas vidas. Nestes, estamos mais sensíveis e refletimos o quanto a vida é breve. O Senhor nos mostra, com toda a Sua bondade, que o que mais importa é o amor que damos e recebemos. Ele nos faz conhecer nossos propósitos e garante que nada — absolutamente nada — é por acaso. Pare e ouça o que Deus tem para você!

DIA 7
HÁ COISAS NA VIDA QUE NÃO TÊM PREÇO!

Como é gostoso acordar de manhã com o coração cheio de alegria e amor, contemplar a beleza nas coisas mais simples da vida, como o sorriso de um filho, que, apesar de ser comum no cotidiano, deixa nossos dias nebulosos se não aparecer. Comece a prestar atenção em quantas coisas, na sua rotina, extraem de você o melhor dos sorrisos e seja grato por elas. Há coisas na vida que não têm preço!

DIA 8
NÃO TROPECE NAS COISAS BOAS DA VIDA

Não tropece nas coisas boas da vida. Aprecie-as com um olhar de amor e plenitude. Não deixe passar despercebidas as maravilhas ao seu redor. Dê a si mesmo a oportunidade de percebê-las.

DIA 9
DESCUBRA A GRANDEZA DA SIMPLICIDADE

Uma vida bem vivida é descobrir a grandiosidade na simplicidade, é se dar conta de que sem o amor, a paz e o compartilhar não chegaremos a lugar algum. A vida bem vivida consiste na troca de amor, em momentos de paz e de compartilhamento.

DIA 10
ALIMENTE SEUS PENSAMENTOS COM COISAS BOAS

A boa alimentação nos proporciona saúde física. Do mesmo modo, também devemos alimentar nossos pensamentos para a nossa saúde mental — encha-os de positividade, gratidão e paz!

DIA 11
SIGA SEU CAMINHO COM CORAGEM

Abasteça-se de coragem e vá atrás daquilo que deseja. Não tenha medo de errar, pois isso faz parte do processo de aprendizagem.

Siga seu caminho com coragem — é melhor errar por fazer do que se arrepender daquilo que nunca tentou. Não fique em dúvida: vá e faça!

DIA 12
USE SABEDORIA E SEJA FELIZ

A vida é uma construção diária. Opte sempre pela paz e pela alegria. Com as pessoas amáveis, há troca de amor e ombro amigo; já com as difíceis, não é assim. Muitas vezes, para a nossa própria paz, temos que simplesmente contorná-las e ser flexíveis. Use a sabedoria e seja feliz!

DIA 13
DEFENDA-SE DA NEGATIVIDADE

Defenda-se da negatividade. Sei que muitas coisas do dia a dia poderão te tirar do prumo, mas tenha em mente que dias melhores virão. Nada é eterno, nem os dias difíceis, e você é dono do seu pensamento e das suas escolhas. Mantenha-se positivo sendo gentil consigo mesmo, exercitando a paciência nos momentos difíceis, não deixando de fazer algo nem permitindo que alguém roube sua alegria.

Seja perseverante diante dos enfrentamentos que surgirão e grato por tudo de bom que existe ao seu redor. Contemple o que já conquistou e o que ainda está por vir. Lembre-se de que os dias difíceis são como um treino para nos fortalecer cada vez mais. Seja positivo!

DIA 14
VOCÊ SÓ TEM A GANHAR SENDO UMA PESSOA POSITIVA

Genética são os genes herdados dos nossos pais e mães. Você já ouviu falar em epigenética? A epigenética acontece por meio de um evento externo de efeito negativo ou positivo — nossos genes vêm carregados do que herdamos dos nossos pais e os eventos externos podem alterá-los, levando-os a silenciar ou disparar algumas doenças. Sendo assim, a positividade e as boas escolhas podem contribuir com nossa saúde física e emocional. Você só tem a ganhar sendo uma pessoa positiva!

DIA 15
A VIDA SEMPRE PODE NOS SURPREENDER

A vida sempre pode nos surpreender! Em momentos de crise, podemos nos fortalecer. Mesmo onde há incertezas e ameaças, temos a chance de nos transformar e reinventar. Com isso, podemos manter o equilíbrio e ser mais racionais para tomar as melhores decisões.

Não sugiro que você viva em negação, como se nada estivesse acontecendo ao seu redor, mas que você tenha o entendimento de que nem sempre terá apenas vitórias. As derrotas também surgirão. Precisamos reconhecer que não temos o controle de tudo e que podemos passar por uma situação difícil, mas também podemos nos manter esperançosos, sabendo que tudo passará.

DIA 16
RELACIONAMENTOS NÃO SÃO FÁCEIS

Relacionamentos não são fáceis, mas quando entendemos que podemos doar o nosso melhor e não esperar muito do outro, a vida flui melhor.

DIA 17
CARREGUE SUAS BAGAGENS DE UMA FORMA MAIS LEVE

A dimensão de um problema pode ser grande, mas os enfrentamentos, a fé e a positividade que colocamos diante deles para resolvê-los faz toda a diferença. É possível carregar nossas bagagens pesadas de uma forma mais leve.

DIA 18
A POSITIVIDADE GERA BEM-ESTAR E FELICIDADE

"E Neemias acrescentou: 'Podem sair, e comam e bebam do melhor que tiverem, e repartam com os que nada têm preparado. Este dia é consagrado ao nosso Senhor. Não se entristeçam, porque a alegria do Senhor os fortalecerá.'"

(Neemias 8:10)

Na Bíblia, vemos diversas vezes que a alegria gera alegria e que o compartilhar desses momentos traz benefícios para a saúde mental. A positividade gera bem-estar e felicidade.

Acredito que tudo é como uma semente, que pode germinar para coisas boas ou ruins. Então, vamos plantar a semente da positividade, dessa forma, desfrutaremos de árvores de alegria ao nosso redor.

DIA 19
FAÇA AO OUTRO AQUILO QUE GOSTARIA QUE FIZESSEM COM VOCÊ

"Ninguém faça declarações falsas nem seja cúmplice do ímpio, sendo-lhe testemunha mal-intencionada."

(Êxodo 23:1)

Pessoas e declarações falsas nos tiram do prumo. Sei que nesses momentos não é fácil se manter positivo, isso é normal. Bate um coração dentro de nós, com sentimentos e emoções, e corremos o risco de nos decepcionar.

Tenho esse versículo como um conselho que nos leva a refletir sobre a empatia. Não faça para o outro aquilo que não gostaria que fizessem com você. Sendo empáticos, podemos criar caminhos de amor e alegria — que esse seja sempre o nosso objetivo.

DIA 20
EXAMINE CADA QUESTÃO DA VIDA COM SABEDORIA

"Quem examina cada questão com cuidado prospera, e feliz é aquele que confia no Senhor."

(Provérbios 16:20)

Nesse versículo, vemos que, para termos alegria, prosperidade e equilíbrio, precisamos ser cuidadosos acerca de algumas questões. Precisamos calcular nossos riscos, ganhos e quantos benefícios determinada coisa trará para nós.

A coragem é importante para nosso primeiro passo, que deve ser dado com sabedoria e avaliando cada questão antes de resolvê-la, optando por caminhos mais assertivos. Sempre será feliz aquele que confia em Deus.

DIA 21
QUEM BUSCA A SABEDORIA É FELIZ

"Como é feliz o homem que acha a sabedoria, o homem que obtém entendimento."

(Provérbios 3:13)

Buscar o conhecimento e a sabedoria é importante para sermos mais bem-sucedidos e felizes. Agir com sabedoria muda toda a história e, muitas vezes, ela se manifesta no silêncio. Pare e reflita se, neste momento da sua jornada, é mais sábio falar ou se silenciar.

DIA 22
CUIDE BEM DO SEU CORAÇÃO

"Acima de tudo, guarde o seu coração, pois dele depende toda a sua vida."

(Provérbios 4:23)

Nosso coração é algo tão nobre que devemos cuidar muito bem dele, não deixando que sentimentos negativos fiquem arraigados. Peça a Deus que te fortaleça e tire tudo aquilo que o está entristecendo.

Sei que há momentos difíceis e pessoas que não são merecedoras do nosso amor, mas existem benefícios no perdão. Podemos ser livres de qualquer sentimento ruim. Guarde o seu coração, porque dele emana toda a sua vida.

DIA 23
BUSQUE OS CONSELHOS DE DEUS PARA SUA VIDA

"O temor do Senhor é fonte de vida, e afasta das armadilhas da morte."

(Provérbios 14:27)

Antes de qualquer coisa na vida, devemos buscar o conselho de Deus. Sua palavra é a melhor opção! Procuremos saber o que a Bíblia nos diz, pois os ensinamentos do Senhor são prudentes, pertinentes e podem nos livrar de grandes apertos. Leia a Bíblia diariamente.

DIA 24
COMO ESTÁ A SUA SAÚDE EMOCIONAL?

"Mas a sabedoria que vem do alto é, primeiramente, pura, depois, pacífica, moderada, tratável, cheia de misericórdia e de bons frutos, sem parcialidade e sem hipocrisia."

(Tiago 3:17)

Já parou para pensar que sua saúde física depende de como você come? Que alimentos estão sendo ingeridos? Da mesma forma, a nossa saúde emocional depende muito do que deixamos penetrar em nós. Nossos pensamentos devem conter boas emoções, o caminho da paz, da verdade, da sabedoria. Só assim colheremos bons frutos.

DIA 25
A VONTADE DE DEUS É QUE SEJAMOS ALEGRES

"Regozijai-vos sempre. Orai sem cessar. Em tudo dai graças, porque esta é a vontade de Deus em Cristo Jesus para convosco."

(1 Tessalonicenses 5:16–18)

Esta é a vontade de Deus: que a alegria faça parte das nossas vidas. Algumas pessoas ainda têm a ideia errônea de que aqueles que acreditam em Deus devem ser pessoas sérias e não participar de festas. Esquecem-se, contudo, de que o primeiro milagre feito por Jesus foi em um casamento, quando transformou água em vinho.

É claro que devemos fazer escolhas do que é lícito, mas sermos alegres e positivos faz parte da essência divina. Ele não nos criou para andarmos cabisbaixos e nos instrui sobre a vida terrena. Teremos, sim, aflições, mas Ele sempre está disposto a nos ouvir e aliviar nossas cargas.

DIA 26
VOCÊ TEM PRODUZIDO OS FRUTOS DO ESPÍRITO?

"Mas o fruto do Espírito é: amor, gozo, paz, longanimidade, benignidade, bondade, fé, mansidão, temperança. Contra essas coisas não há lei."
(Gálatas 5:22–23)

Lendo esse versículo, reflito sobre o quanto a psicologia e outros estudos falam sobre sermos gratos, altruístas e solidários. Todos estão certos! Há milhares de anos, a **Bíblia** ensina o quanto os sentimentos e boas ações nos levam ao bem-estar. Para termos uma vida feliz, positiva e de paz, precisamos produzir esses frutos do espírito.

DIA 27
A IMPORTÂNCIA DO DOMÍNIO PRÓPRIO

Hoje, pensaremos juntos sobre a temperança ou domínio próprio: quantas vezes vemos algo em nossa vida que nos leva a pensar que vamos chutar o balde? O domínio próprio deve falar mais alto, a fim de que mantenhamos o equilíbrio para atingir um bem maior. É claro que não temos que ser pacíficos e aceitar tudo o tempo todo, alguns enfrentamentos são **necessários**, mas o domínio próprio nos conduz a caminhos menos conflituosos e é importante quando estamos de cabeça quente. Reflita sobre isso, colocando sua vida nos trilhos do equilíbrio e da paz.

DIA 28
SEJA BONDOSO EM TODO TEMPO

Atos de bondade nos enchem de alegria e temos que praticá-los diariamente. A bondade está na beleza, no ombro amigo, na serenidade. Não deixe de praticar bons atos e espalhe-os por onde for. No meio do caminho, será possível ver toda essa bondade retornando para você. Seja bondoso com quem precisa — isso fará toda a diferença!

DIA 29
DEUS TEM O MELHOR PARA NÓS

"Os teus testemunhos tenho eu tomado por herança para sempre, pois são o gozo do meu coração."

(Salmos 119:111)

Posso te garantir que ouvir os conselhos de Deus para a nossa vida faz toda a diferença. Tenho desfrutado de tudo aquilo que Ele me ensinou. A caminhada não é fácil, mas com Ele tudo fica mais leve e alegre. Deus é um Pai de amor bondoso e tem o melhor para nós.

DIA 30
O SENHOR SEMPRE ESTÁ COM VOCÊ

"O Senhor, o seu Deus, está em seu meio, poderoso para salvar. Ele se regozijará em você, com o seu amor a renovará, ele se regozijará em você com brados de alegria."

(Sofonias 3:17)

Nunca pense que está sozinho, pois Deus se faz presente em todos os momentos. Ele te apresenta pessoas e promove acontecimentos que te confirmam isso. O Senhor te socorre quantas vezes forem necessárias e ainda te dá alegria. Seu amor sempre se renova a cada amanhecer, mostrando que tudo pode ser um recomeço. Muitas vezes, um ciclo se fecha para que outros se abram, revelando Seu imenso e interminável amor por nós. Deus quer te ver feliz!

DIA 31
SORRIA PARA SI MESMO

Invista em você! Eu posso te garantir que não existe remédio melhor do que a alegria, pois ela faz bem para a alma, deixa o rosto mais bonito, anima o seu dia e o de quem está a sua volta. O sorriso é uma expressão que transborda um sentimento único e universal. Espalhe sorrisos, alegre-se!

agosto
SIMPLICIDADE

DIA 1
A SIMPLICIDADE E A LIÇÃO QUE ELA NOS ENSINA

"Tenham uma mesma atitude uns para com os outros. Não sejam orgulhosos, mas estejam dispostos a associar-se a pessoas de posição inferior. Não sejam sábios aos seus próprios olhos."

(Romanos 12:16)

A simplicidade é algo que admiro, e eu aprendo muito com pessoas simples. Elas têm a capacidade de se contentar com o que tem e ser felizes; de fazer de um dia chuvoso um grande dia de sol; de colocar uma grelha entre os tijolos e fazer um churrasco com os amigos...

Elas desfrutam seus dias de uma forma simples e feliz, enquanto existem pessoas com posses que não conseguem dar valor para tantas coisas excelentes ao seu redor. A simplicidade fala por si só — não precisamos de muito para ser felizes, apenas de doses de contentamento com o que temos e somos. Devemos ser mais amáveis e generosos com o próximo.

A simplicidade nos faz reconhecer nosso semelhante como parte importante do teatro da vida. Sem pessoas ao nosso redor, não somos nada.

DIA 2
HUMILDADE É UMA VIRTUDE

"Nada façam por ambição egoísta ou por vaidade, mas humildemente considerem os outros superiores a si mesmo."

(Filipenses 2:3)

Ser humilde não é sinônimo de ser humilhado, muito pelo contrário, ser humilde é uma virtude. A pessoa que tem esse dom é serena, reconhece que está sempre em evolução e que não é melhor que ninguém. Ela identifica suas fragilidades e está sempre disposta a estender a mão a quem precisa.

DIA 3
HUMILDADE E BONDADE SÃO MAIS IMPORTANTES DO QUE DINHEIRO E MÁQUINAS

"Pensamos demasiadamente e sentimos muito pouco. Necessitamos mais de humildade que de máquinas. Mais de bondade e ternura que de inteligência. Sem isso, a vida se tornará violenta e tudo se perderá."

(Charles Chaplin)

Essa citação de Chaplin me emociona. Ela traz verdade, ainda mais neste mundo capitalista, em que tudo virou rápido e fugaz. Muitas pessoas não têm tempo para ser boas com o próximo.

Que mundo é esse que estamos criando? É hora de gerarmos um lugar mais harmônico e bondoso. As máquinas são fabricadas rapidamente e geram dinheiro, mas este é capaz de comprar a tal da felicidade? Por um tempo, até pode ser, mas chega uma hora que isso se torna impossível. O coração vazio clama por sentimentos que só o amor, a ternura e a bondade podem saciar.

DIA 4
A GENTILEZA PODE TRANSFORMAR UMA GUERRA EM PAZ

"Mas a sabedoria que vem do alto é antes de tudo pura; depois, pacífica, amável, compreensiva, cheia de misericórdia e de bons frutos, imparcial e sincera."

(Tiago 3:17)

A pessoa sábia e gentil possui qualidades que podem transformar uma guerra em verdadeira paz. A gentileza faz de nós mais humanos, e como é bom estar perto de uma pessoa gentil e amável, não é mesmo? Até nosso dia fica mais leve.

Temos a opção de tornar o mundo melhor apenas com gotas de gentileza. Pense nisso! Seja gentil. Talvez, agora mesmo haja alguém ao seu lado precisando.

DIA 5
SEJA GENTIL

Seja gentil. Ofereça um abraço, um ombro amigo, uma oração e um sorriso.

DIA 6
NÃO PERDEMOS NADA AO SERMOS JUSTOS E BONDOSOS

"Quem segue a justiça e a lealdade encontra vida, justiça e honra."

(Provérbios 21:21)

Não perdemos nada ao sermos bondosos e justos. Aprendemos mais quando temos tais qualidades, que nos auxiliam em nossas tomadas de decisão, modo de agir... Mesmo que algo de ruim recaia sobre nós, não conseguirá nos abalar. A justiça e a bondade serão sempre nossas defensoras e nunca iremos perder nada, pois Deus é verdadeiro, bom e justo.

DIA 7
AS ÁRVORES SÃO RECONHECIDAS PELOS FRUTOS

"Pois o fruto da luz consiste em toda bondade, justiça e verdade; e aprendam a discernir o que é agradável ao Senhor."

(Efésios 5:9–10)

Reconhecemos as árvores pelos seus frutos. Do mesmo modo, ocorre conosco: nossos frutos podem ser de luz, geradores de vida e paz, proclamadores da bondade, da justiça e da verdade. São capazes, também, de transformar as trevas que tentam nos encobrir com muita luz e amor. Basta dizer: Escuridão, você não tem lugar aqui!

DIA 8
DÊ GRAÇAS A DEUS PELAS BÊNÇÃOS NA SUA VIDA

"Que eles deem graças ao Senhor, por seu amor leal e por suas maravilhas em favor dos homens."

(Salmos 107:21)

Que possamos dar graças ao nosso Deus pelas dádivas e maravilhas em nossas vidas, pois Seu amor é fiel e verdadeiro para conosco. Não pense que perdeu algo por ser bom e generoso, pois o Senhor tem bênçãos espirituais para nós quando praticamos a bondade. Continue fazendo o bem e sendo gentil por onde for; o Pai das luzes o recompensará.

DIA 9
SEJA BOM E DEIXE A SIMPLICIDADE MOSTRAR QUEM VOCÊ É

"Mas o Senhor estava com ele e o tratou com bondade, concedendo-lhe a simpatia do carcereiro."

(Gênesis 39:21)

Este versículo fala sobre José do Egito, que distribuía bondade e simpatia por onde passava. Nessa passagem, ele tinha sido preso injustamente, mas criou uma grande amizade com o carcereiro, tornando-se responsável por tudo que acontecia na prisão. Tudo aquilo que José se propunha a fazer era bem sucedido.

Não perdemos nada por sermos bons e simples! Existe um Deus que está no céu e nos recompensará. Seja bom e deixe a simplicidade revelar quem você é. A humanidade precisa de pessoas boas e sensíveis com o próximo.

DIA 10
A ARROGÂNCIA NÃO LEVA A LUGAR NENHUM

"O orgulho do homem o humilha, mas o de espírito humilde obtém honra."

(Provérbios 29:23)

A arrogância, o falar alto e o orgulho não levam ninguém a lugar nenhum. Muito pelo contrário, afastam as pessoas boas da gente. Coisas positivas poderiam surgir em nosso caminho se deixássemos acontecer. Ser humilde e amoroso só atrairá virtuosas conquistas para as nossas vidas.

DIA 11
NÃO SE GABE, NÃO FIQUE SE COMPARANDO

"Se alguém se considera alguma coisa, não sendo nada, engana-se a si mesmo. Cada um examine os próprios atos, e então poderá orgulhar-se de si mesmo, sem se comparar com ninguém, pois cada um deverá levar a própria carga."

(Gálatas 6:3–5)

Gosto muito desses versículos. Não devemos andar nos gabando por aí, nem ficar nos comparando ou cobiçando os bens alheios. A caminhada da vida é feita de elos, conexões. Cada um tem seus talentos, aptidões e batalhas a vencer. Então, não julgue ninguém por aquilo que parece ser, afinal, você não sabe o que essa pessoa pode estar enfrentando. Seja bondoso.

DIA 12
A SIMPLICIDADE NOS ENSINA MUITO

Para algumas pessoas, a simplicidade tem pouco valor, mas, na verdade, ela nos ensina muito. A sensibilidade e a ternura podem ser demonstradas sem censuras.

DIA 13
PRECISAMOS UNS DOS OUTROS

"Assim como cada um de nós tem um corpo com muitos membros e esses membros não exercem todos a mesma função, assim também em Cristo nós, que somos muitos, formamos um corpo, e cada membro está ligado a todos os outros."

(Romanos 12:4–5)

Esses versículos nos comparam com os membros do corpo e explicam que todos nós estamos ligados e somos importantes para o bom funcionamento dele. Precisamos uns dos outros, pois cada um tem um dom e talento diferente, apesar de todos termos nosso valor e importância.

A Bíblia nos ensina a não sermos arrogantes, mas a termos equilíbrio em todas as nossas atitudes. Nesta vida, não importa quantos bens materiais você tenha, pois não são eles que o levarão para a eternidade, mas sim todo o amor que viveu, deu e recebeu.

DIA 14
PESSOAS SIMPLES SÃO ADMIRÁVEIS

Admiro pessoas de coração simples, que sabem estar com toda gente, seja ela letrada ou não. Há quem chegue e encante porque transborda o bem sem julgar a aparência ou a religião. Pessoas assim encantam nossa alma e trazem leveza ao ambiente. São anjos sem asas que emanam o amor.

DIA 15
TENHA A MESMA ATITUDE PARA COM TODOS

"Tenham uma mesma atitude uns para com os outros. Não sejam orgulhosos, mas estejam dispostos a associar-se a pessoas de posição inferior. Não sejam sábios aos seus próprios olhos."

(Romanos 12:16)

Esse versículo nos ensina muito! Basta abrirmos os olhos para aprendermos que Deus não se agrada dos orgulhosos, mas nos ensina a sermos bons com todos, sem exceções.

DIA 16
A HUMILDADE TRAZ BÊNÇÃOS PARA A NOSSA VIDA

"A recompensa da humildade e do temor do Senhor são a riqueza, a honra e a vida."

(Provérbios 22:4)

Existem bênçãos espirituais prometidas aos de coração humilde e amoroso. O versículo diz isto: se formos humildes e temermos o Senhor, teremos riquezas e honra. Não perdemos nada em sermos pessoa do bem, e tais práticas só trarão luz ao nosso caminho.

DIA 17
SER ARROGANTE PODE AFASTAR AS PESSOAS DE VOCÊ

"Quem semeia a injustiça colhe a maldade; o castigo da sua arrogância será completo."

(Provérbios 22:8)

A Bíblia nos instrui a não sermos arrogantes e injustos. Deus não se agrada disso e nós não teremos um bom fim se tivermos esse tipo de atitude, que, além de maldosa, poderá afastar muitas pessoas de nossas vidas.

Por um tempo, pode ser que você tenha bajuladores ao seu redor, pessoas que só estarão contigo enquanto recebem vantagens, mas, quando realmente precisar, eles não estarão mais lá.

DIA 18
AS COISAS MAIS SIMPLES TEM GRANDE IMPORTÂNCIA

As coisas mais simples da vida são o que o nosso coração precisa. É um café com um amigo, momento em que você pode encontrar um colo acolhedor; é uma visita inesperada que passa para te dizer que estava com saudade ou um telefona perguntando como você está. São coisas que parecem simples, mas que têm um grande significado e que fazem a diferença.

DIA 19
APROVEITE OS PEQUENOS MOMENTOS

Um lugar tranquilo, cheiro de mato, uma praia mais calma ou um café quentinho são, muitas vezes, tudo de que precisamos para acalmar a alma. Aproveite os pequenos momentos para silenciar o barulho que vem de fora e deixe a alma ser revigorada com o barulho do silêncio.

DIA 20
DÊ O DEVIDO VALOR ÀS COISAS NA SUA VIDA

O mundo anda tão agitado, em uma corrida tão insana, que as pessoas querem ter o melhor smartphone, a melhor roupa de grife, o melhor destino de viagem etc. Esses anseios não são ruins, mas temos que dar o devido valor a cada um deles sem nos esquecer de que, muitas vezes, é na simplicidade das coisas que encontramos os significados e as verdades que importam para uma vida inteira.

DIA 21
O QUE O SER HUMANO PRECISA PARA SER FELIZ?

Para ser feliz, do que o ser humano necessita? Onde está a felicidade? O que é que faz a vida bonita? Geralmente, a simplicidade está em ter uma família reunida para um almoço; na nossa saúde e na de quem amamos; em assistir a um filme com o cônjuge; enfim, nas coisas simples do dia a dia. Preste atenção e dê valor ao que realmente importa.

DIA 22
UM SIMPLES ABRAÇO PODE MUDAR O DIA DE ALGUÉM

Não raro, uma cara fechada pode ser transformada com um sorriso amigo. O mau humor de alguém pode ser resolvido com um simples abraço. Talvez essas pessoas estejam precisando de pequenos gestos de carinho. Olhe ao seu redor!

DIA 23
O QUE VOCÊ TEM DE BOM EM SEU CORAÇÃO É O QUE MAIS IMPORTA

Não importa se você é letrado ou não, se é simples ou luxuoso, o que verdadeiramente importa é o que você tem de bom em seu coração para passar adiante. Isso, sim, fará uma grande diferença em uma humanidade escassa de amor.

DIA 24
UM GESTO SIMPLES DE CARINHO FAZ DIFERENÇA

A simplicidade de um gesto de amor ou carinho é o que realmente faz diferença na vida de alguém. Você só soma com o mundo praticando esses simples gestos.

DIA 25
A SIMPLICIDADE NOS FAZ SER GRATOS

"Viva com simplicidade.
Ame generosamente.
Cuide-se intensamente.
Fale com gentileza.
E, principalmente, não reclame.
Se preocupe em agradecer pelo que você é e por tudo o que tem!
E deixe o restante com Deus." (**Kelly Fagundes**)

DIA 26
A HUMILDADE É A VIRTUDE DE UM GRANDE HOMEM

"O dinheiro faz homens ricos; o conhecimento faz homens sábios e a humildade faz grandes homens."

(**Mahatma Gandhi**)

Gosto muito dessa frase de Gandhi, pois é muito verdadeira. Com a humildade, podemos chegar longe e conquistar caminhos que nem imaginamos. Humildade é uma grande virtude que poucos têm.

DIA 27
A IMPORTÂNCIA DE ENTENDER O QUE É HUMILDADE

Humildade não quer dizer ser menos que alguém, mas sim entender que não somos mais que ninguém. Precisamos uns dos outros em tudo, quer queiramos ou não. Somos como peças de Lego: todas são importantes.

DIA 28
COISAS SIMPLES, MAS COM MUITO SIGNIFICADO

Coisas tão simples e cheias de significados: carinho sem pedir, amor sem interesse, amizades leais.

DIA 29
SEJA CORAJOSO PARA EXPRESSAR OS SEUS SENTIMENTOS

Devemos ser mais corajosos para expressar nossos sentimentos, pois o que levamos desta vida é todo o amor que demos e vivemos. Não guarde seus sentimentos, expresse-os. A vida passa muito rápido, e uma das coisas mais gostosas são os sentimentos sinceros.

DIA 30
CADA GESTO DE CARINHO É UMA DÁDIVA QUE RECEBEMOS

Todos os gestos de carinho são dádivas que recebemos. São coisas que o ladrão não pode roubar, a traça não pode corroer; só poderão ser guardadas e sentidas no coração.

DIA 31
ENCARE CADA DIA COMO UMA NOVA OPORTUNIDADE

Encare todos os dias como novas oportunidades, por mais difíceis que possam ser, afinal de contas, sempre há algo que podemos aprender e superar. No final de cada um deles, você verá que se fortaleceu com aquilo que aprendeu e ensinou. Você é forte!

setembro
AMIZADE

DIA 1
A VIDA É UM ETERNO COMPARTILHAR

A vida é um eterno compartilhar, porque são as pessoas que validam nossa alegria. Ninguém é feliz sozinho. Precisamos de gente para descobrirmos o verdadeiro sentido da nossa alegria. Nos momentos em que as intempéries da vida chegam, também precisamos de pessoas para dividir nossas bagagens pesadas. Precisamos de um ombro amigo para nos ouvir, estender a mão e nos ajudar a prosseguir. O que realmente faz sentido em nossa jornada é quando compartilhamos, pois até mesmo o amor não sobrevive sozinho. Que a vida seja sempre assim, um eterno compartilhar. Que Deus seja sempre o farol nessa fantástica caminhada.

DIA 2
A AMIZADE É MUITO IMPORTANTE

Precisamos de pessoas que nos inspirem, que nos façam caminhar com as lentes do bem, olhando para frente, que puxem a nossa orelha quando errarmos e nos queiram bem mesmo com os nossos defeitos. Amizades verdadeiras fazem bem para a alma, são como irmãos que ganhamos na vida. Valorize as suas, pois ninguém sobrevive sozinho.

DIA 3
OS VERDADEIROS AMIGOS SÃO ELOS QUE FORMAM A CORRENTE DO BEM

Um amigo indica o outro, seja para um trabalho, para outro amigo, para adquirir algo que achou legal, e assim vai se formando a corrente do bem. Seja um elo do bem e faça tudo que for possível para que mais elos se formem, de modo que essa corrente cresça cada vez mais.

DIA 4
VALORIZE TODOS OS TIPOS DE AMIZADE QUE VOCÊ TEM

Acredito que haja todo tipo de amizade — amizades profissionais, amizades de amigos íntimos, amizades de sentar e dar boas risadas etc. Todas elas são importantes para a construção dos seres humanos e, com cada uma, podemos extrair grandes aprendizados. Valorize quem está ao seu redor, pois cada pessoa que passa em nossa vida, seja boa ou ruim, contribui para a nossa evolução.

DIA 5
VERDADEIROS AMIGOS NOS FAZEM CRESCER

Acredito que amigos verdadeiros chegam e ficam, enquanto colegas apenas passam pela nossa vida. Não se entristeça quando alguém for embora, quando precisar escolher entre partir ou ficar. Amigos verdadeiros não nos machucam, eles nos ensinam, sabem pedir desculpas e ser fiéis.

Quando você precisar escolher se alguém deve permanecer ou não na sua vida, é porque ele não merece ficar. Cultive relacionamentos com pessoas que te façam bem, que te façam crescer e viver com mais leveza.

Existem pessoas tóxicas que não merecem um lugar ao nosso lado. Uma hora a vida nos ensina isso, é só questão de tempo.

DIA 6
AMIZADES VERDADEIRAS ESTÃO AO NOSSO LADO EM TODAS AS SITUAÇÕES

Como é bom ter amigos que nos fazem sorrir! É bom nos sentirmos importantes para alguém. É bom ter um ombro amigo para chorar. É bom ter amizades verdadeiras que estão ao nosso lado a qualquer hora.

DIA 7
COMO IDENTIFICAR OS VERDADEIROS AMIGOS?

Amigos verdadeiros são assim: nos abraçam nos momentos difíceis, vibram com nossas conquistas, puxam nossa orelha quando precisamos e sempre estão torcendo por nós. Se você tem amigos assim, valorize-os, pois essas pessoas estão escassas.

DIA 8
TUDO NA VIDA DEVE SER ENCARADO COMO APRENDIZADO

Temos que levar a vida de uma forma mais leve, olhar as dificuldades como degraus para nosso aprendizado e crescimento, sair do lugar de vítima e ir à luta. Essa determinação nos levará para os lugares mais altos.

DIA 9
AME SEU PRÓXIMO COMO A SI MESMO

"E o segundo é semelhante a ele: 'Ame o seu próximo como a si mesmo.'"
(Mateus 22:39)

Esse versículo bíblico tem muito conteúdo, mas como estou falando de amizade, penso que, para a construção desse sentimento verdadeiro, temos que amar o outro como a nós mesmos. Devemos tratar o próximo como gostaríamos de ser tratados, pois uma amizade verdadeira só sobrevive se formos sinceros.

DIA 10
PESSOAS DIFÍCEIS

Entendo que, na vida, encontraremos pessoas difíceis de nos relacionar. Pessoas invejosas, falsas e manipuladoras são muito comuns, mas, em uma verdadeira amizade, não podem existir essas coisas. É muito difícil manter uma amizade quando percebemos traços assim em pessoas próximas. Não estou falando que você deve virar a cara, mas manter certo distanciamento. Saber o que falar quando elas estão presentes é uma forma de se proteger.

Pessoas manipuladoras são difíceis de lidar, pois podem te dizer uma coisa e, poucos minutos depois, dizer que você as entendeu ou escutou errado. Elas sempre serão as vítimas e você, o vilão.

Como você sabe, eu estudo a Neurociência Comportamental, portanto, tenho embasamento no que falo e também já sofri com pessoas assim ao meu redor. O que temos que fazer é pedir a Deus sabedoria e muita paciência, procurando entender esses comportamentos maléficos e seguindo com cautela.

Por trás desses traços ruins, geralmente existem frustrações, inseguranças ou até mesmo abusos sofridos na infância. Em alguns casos, nem mesmo as pessoas entendem por que agem assim, e a maioria acha que está sempre com a razão, se vitimando o tempo todo. Só nos resta orar por elas e conduzir a situação da forma mais harmônica possível.

DIA 11
E SE EU NÃO CONSEGUIR MANTER UMA AMIZADE?

Quando não for possível manter uma amizade com pessoas com os traços de comportamentos que citei anteriormente, deseje o amor e siga seu caminho sem culpa. Muitas vezes, elas não irão nem querem mudar. Elas não querem fazer os enfrentamentos necessários que precisam para resolver aquilo que as incomoda.

É muito difícil ter pessoas assim por perto, pois elas sugam as nossas energias, vivem de indiretas, tentam nos ferir o tempo todo, não ficam felizes com nossas vitórias... Então, siga seu caminho desejando o amor para elas e deixe que sejam tratadas por Deus, pois dos olhos dEle ninguém foge. Siga seu caminho sem culpas. O Senhor conhece o seu coração.

DIA 12
VÍNCULOS VERDADEIROS

Cultive vínculos com pessoas com quem você tenha um bom relacionamento não só em dias de festa, mas também quando o calo aperta; com quem pode suportar o peso das suas histórias, pois cada ser humano tem a sua.

Quando o compartilhamento é recíproco, as trocas são verdadeiras. Podemos pedir o que precisamos sem temer o julgamento alheio, sem reservas, sem entrelinhas, sem faz de conta... Podemos, sim, levar broncas, pois amigos sinceros são assim, mas eles também nos aconselham e nos ajudam a seguir caminhos melhores. Vínculos verdadeiros precisam de honestidade acima de tudo!

DIA 13
FAÇA O BEM SEM ESPERAR NADA EM TROCA

Muitas vezes, esperamos um pouco de reciprocidade de quem não sabe ser recíproco. Cada um oferece aquilo que tem dentro do coração. Faça o bem sem esperar nada em troca, pois tudo que semeamos de bom retorna para nós mesmos. O Pai das luzes sabe recompensar aqueles que semeiam o bem.

DIA 14
DEUS NUNCA TE DEIXA SEM AMPARO E CARINHO

Não raro, esperamos de familiares compreensão, um ombro amigo, um colo, mas, por vezes, pode ocorrer o desprezo, o julgamento... É triste quando isso acontece. Entendo que o ambiente familiar é considerado o lugar de amparo e abrigo, mas nem sempre é assim. Contudo, Deus não deixa ninguém sem amparo e colo. Podemos não receber esse carinho dos nossos familiares, mas o Pai nos envia pessoas. Quando menos esperamos, elas pegam nossa mão e dizem: "Vamos em frente, estamos juntos!"

DIA 15
AMIGOS DE VERDADE

Entre amigos de verdade existem trocas, sinceridade, reciprocidade. Amigos de verdade vibram com as suas vitórias, te admiram e não invejam. Amigos de verdade estão sempre prontos para te ajudar, sem esperar nada em troca.

DIA 16
NUNCA PERCA UMA OPORTUNIDADE DE MOSTRAR AFETO

Não esconda seus sentimentos por orgulho ou vergonha. Não deixe de mostrar seu afeto hoje, pois amanhã poderá ser tarde. Desfrute de cada dia como se fosse único, porque cada dia é uma nova oportunidade que se abre.

DIA 17
CADA PESSOA TEM UMA IMPORTÂNCIA NA NOSSA VIDA

As pessoas são muito importantes em nossas vidas, não é mesmo? Existem aquelas que são de bem e que têm um bom caráter; as que são amigas e preenchem nossos dias com suas alegrias e sabedorias; as que têm desvios de caráter, que nos ensinam a não ser como elas e nos mostram o quanto é desagradável ter pessoas assim ao nosso redor etc. Isso nos faz refletir sobre o quanto as boas amizades são valiosas e enchem nossa vida de sabor! De pessoas que não valem a pena, distancie-se. É melhor a distância do que uma briga.

DIA 18
BUSQUE SABEDORIA PARA LIDAR COM CADA PESSOA NA VIDA

Em nossa jornada, encontraremos todos os tipos de pessoas: as invejosas, as fofoqueiras, as manipuladoras, mas também as amizades verdadeiras, as admiradoras que torcem por você e querem seu bem etc. A vida real é assim, tem de tudo, busquemos, então, sabedoria para lidar com cada uma delas, porque, por vezes, não temos como nos distanciar. Elas estão por toda a parte.

DIA 19
EXISTEM AMIGOS QUE SÃO MAIS PRÓXIMOS QUE IRMÃOS

"Não abandone o seu amigo nem o amigo de seu pai; quando for atingido pela adversidade não vá para a casa de seu irmão; melhor é o vizinho próximo do que o irmão distante."

(Provérbios 27:10)

Esse versículo transmite muita verdade. Na vida, encontraremos amigos que se tornarão verdadeiros irmãos, como se fossem da família. Nem sempre no nosso núcleo familiar encontraremos tanta proximidade e compreensão. A família pode te virar as costas, mas Deus é aquele que sempre estará conosco e conhece nosso coração. Ele sempre nos envia pessoas maravilhosas. Tenha esta certeza: você nunca estará sozinho.

DIA 20
AMIGOS DE VERDADE VÃO TE REPREENDER

"Melhor é a repreensão feita abertamente do que o amor oculto. Quem fere por amor mostra lealdade, mas o inimigo multiplica beijos."

(Provérbios 27:5–6)

Esses versículos me fazem refletir sobre o que estamos falando neste mês: amizade verdadeira. Os amigos de verdade irão nos repreender quando necessário ou quando não gostarem de algo, e essa relação sincera nos faz muito bem. No entanto, devemos tomar cuidado com aqueles que nos bajulam — na nossa frente, são uma coisa; por trás, outra. De pessoas assim devemos querer e manter distância.

DIA 21
NAS HORAS MAIS DIFÍCEIS APARECEM OS VERDADEIROS AMIGOS

"É melhor ter companhia do que estar sozinho, porque maior é a recompensa do trabalho de duas pessoas. Se um cair, o amigo pode ajudá-lo a levantar-se. Mas pobre do homem que cai e não tem quem o ajude a levantar-se! E se dois dormirem juntos, vão manter-se aquecidos. Como, porém, manter-se aquecido sozinho?"

(Eclesiastes 4:9–11)

São lindos esses versos! Somos seres relacionais, e são tantos os benefícios que a companhia dos familiares e amigos pode nos trazer nos momentos em que mais precisamos... É nas horas difíceis que conhecemos nossos verdadeiros amigos.

DIA 22
PROCURE AMIZADES QUE TE EDIFICAM

"Aquele que anda com os sábios será cada vez mais sábio, mas o companheiro dos tolos acabará mal."

(Provérbios 13:20)

Procure amizades que te edifiquem, que te ajudem a crescer, a ser melhor a cada dia e que tenham os mesmos valores que você, pois muita coisa é vaidade e é prejudicial para a nossa vida material e espiritual. Procure estar junto de pessoas que te elevem não só para ter sabedoria diante da vida terrena, mas para obter valores espirituais, que são os únicos que levaremos daqui para a eternidade.

DIA 23
EVITE CONVIVER COM PESSOAS DE MAU HUMOR

"Não se associe com quem vive de mau humor, nem ande em companhia de quem facilmente se ira; do contrário você acabará imitando essa conduta e cairá em armadilha mortal."

(Provérbios 22:24–25)

Esta é uma grande verdade: pessoas de mau humor nos deixam para baixo, sugam nossa energia. Pessoas fofoqueiras, por exemplo, podem te colocar em enrascadas e fazer você se dar mal. A língua maledicente é um veneno perigosíssimo, pois, além de Deus não se agradar dessa atitude, podemos correr o risco de fazer um mau juízo de um inocente.

Uma pesquisa da Neurociência diz que o nosso cérebro gosta de fofoca, e isso mexe com o nosso sistema de recompensa, liberando dopamina e endorfina, trazendo prazer e bem-estar. A fofoca é prazerosa, por isso é também perigosa. Diga não à fofoca. Quando vierem tentar desqualificar alguém para você, fuja. Este é o melhor a se fazer. Seja verdadeiro!

DIA 24
CUIDADO COM QUEM VOCÊ ANDA

"Não se deixem enganar: 'as más companhias corrompem os bons costumes.'"

(1 Coríntios 15:33)

Esse versículo é uma frase que toda mãe fala para seus filhos e foi escrito há mais de dois mil anos!

DIA 25
DEUS É O NOSSO AMIGO FIEL

Deus quer ser para nós um Pai, um amigo fiel. Busque-O com o coração aberto. Para um relacionamento íntimo com Deus, você precisa disponibilizar tempo, assim como fazemos com nossos amigos terrenos. Tenha uma vida de oração, leia a Bíblia e vá aos cultos. Deixe o Senhor falar ao seu coração separando para Ele parte do seu tempo.

DIA 26
BOAS AMIZADES FAZEM BEM AO NOSSO SER

Como é bom para a nossa saúde física e emocional ter ao nosso redor amigos e familiares que nos fazem bem.

DIA 27
UM AMIGO DE VERDADE SEMPRE ESTÁ PRESENTE

Um amigo de verdade está presente, também, nos momentos difíceis por que passamos. Ele não se compra, se conquista; não se deixa corromper e é sempre legal.

DIA 28
VALORIZE AS PESSOAS QUE ESTÃO AO SEU LADO

Valorize as pessoas de bem que estão ao seu lado. Elas são como pérolas: puras, raras e chamadas de pedras preciosas.

DIA 29
FAZER O BEM SEM JULGAMENTO É O MELHOR CAMINHO

"Não se deixem enganar: de Deus não se zomba. Pois o que o homem semear, isso também colherá. Quem semeia para a sua carne, da carne colherá destruição; mas quem semeia para o espírito, do espírito colherá a vida eterna. E não nos cansemos de fazer o bem, pois no tempo próprio colheremos, se não desanimarmos."

(Gálatas 6:7–9)

"A língua tem poder sobre a vida e sobre a morte; os que gostam de usá-la comerão do seu fruto."
(Provérbios 18:21)

Hoje, um trecho complementa o outro. Acredito muito na lei da colheita. Ela existe, e a Bíblia nos adverte a não falar mal de ninguém, nem fazer fofocas ou julgamentos. Acredito também em vida eterna e num plano espiritual, por isso devemos tomar cuidado não só com essa vida terrena, mas também com a espiritual.

A Palavra afirma que teremos que dar conta de todas as palavras frívolas que saem da nossa boca. Então, não seja um espalhador de difamação, mas sim uma pessoa que as outras admiram e desejam ter por perto. Fazer o bem sem julgamentos é o melhor caminho para todos nós!

DIA 30
UMA VERDADEIRA AMIZADE REQUER MUITA SABEDORIA E SINCERIDADE

"Mas a sabedoria que vem do alto é antes de tudo pura; depois, pacífica, amável, compreensiva, cheia de misericórdia e de bons frutos, imparcial e sincera."
(Tiago 3:17)

Uma verdadeira amizade requer muita sabedoria, pois em todos os nossos relacionamentos podem surgir divergências. O que um gosta, o outro pode não gostar, mas temos que ser sinceros e promover a paz.

A sinceridade é o que valida uma relação, seja de amizade, conjugal ou profissional. Se você tem divergências com alguém, trate diretamente com essa pessoa. Não fale pelas costas. Verdadeiros relacionamentos são pautados na sinceridade, e não há nada mais sublime do que ser sincero.

outubro

EMPATIA

DIA 1
SER EMPÁTICO É UMA VIRTUDE

A empatia é uma virtude de quem a pratica. Quem é empático sabe colocar-se no lugar do outro, respeitar a opinião alheia mesmo sendo diferente da sua, sabe que cada ser humano tem seu tempo e sua forma de realizar as coisas. Para mim, a empatia anda de mãos dadas com o respeito ao próximo e às suas escolhas.

DIA 2
DIGA NÃO AOS JULGAMENTOS E ÀS PALAVRAS OFENSIVAS

Vamos dizer não aos julgamentos, às palavras ofensivas que querem diminuir o próximo. Sejamos agentes da empatia e da sensibilidade. Procure levar uma palavra amiga ou apenas um gesto de carinho por onde anda.

DIA 3
NÃO PEGUE PRA VOCÊ AQUILO QUE NÃO É SEU

Os julgamentos são como uma arma: ferem as pessoas. No entanto, por trás de quem fere, sempre há um indivíduo ferido! Muitas vezes, esse tipo de comportamento nos mostra o motivo para alguém ser como é: pode ser a insegurança, a frustração, a falta de contentamento pelo que se tem, a inveja ou outras questões mal resolvidas. Não pegue para você aquilo que não é seu. Não acolha sentimentos tóxicos que são de outras pessoas. Blinde-se!

DIA 4
CRÍTICAS CONSTRUTIVAS X JULGAMENTOS

Sou favorável às críticas construtivas, aquelas que nos fazem refletir e questionar o melhor caminho. Julgamentos, ao contrário, são tudo aquilo que tiram a nossa paz. Mande-os embora! Acolha para você tudo aquilo que é verdadeiro, o seu propósito de vida, o que faz sentido na sua realidade.

Sei que não é fácil caminhar com pessoas tóxicas, que querem te definir a partir das frustrações delas, mas siga seu caminho de luz, fazendo sempre o bem e deixando de lado esses julgamentos. Não dá para manter amizade com pessoas assim. Às vezes, temos que sair de cena e nos distanciar a fim de alcançarmos a nossa própria paz.

DIA 5
FAÇA O BEM SEM ESPERAR NADA EM TROCA

Praticar a empatia e o bem nem sempre é fácil. Às vezes, até mesmo a pessoa para quem doamos nosso afeto não sabe como recebê-lo e falta com a reciprocidade. Contudo, temos que fazer o bem sem esperar nada em troca. Aprendamos a difícil tarefa de lidar com a insensibilidade alheia.

DIA 6
SAIBA ADMINISTRAR BEM AS SUAS EMOÇÕES

Saber administrar as nossas emoções é a chave para as relações humanas. O autoconhecimento e o reconhecimento do que sentimos — entender o que é nosso e o que é do outro — são uma grande sacada para o sucesso das relações.

Muitas vezes, as pessoas geram em nós cobranças sobre quem somos, sobre como temos que viver, o que nos gera angústia, principalmente, se estivermos fazendo o certo.

Quando nossas emoções estão bem administradas, sabemos nosso valor e seguimos confiantes em nosso caminho. Por isso, nunca deixe que a cobrança ou o julgamento do outro te afete. Siga seu caminho naquilo que você acredita que seja importante. O que é do outro é do outro. Acredite no seu valor e potencial!

DIA 7
NÃO TEMOS CONTROLE SOBRE OS PENSAMENTOS DOS OUTROS

Não temos como controlar aquilo que os outros pensam ou interpretam sobre nós, só temos controle do que realmente julgamos como verdadeiro. Antes de nos doar, precisam estar enraizados dentro de nós o amor-próprio, nossas identidade e crenças. O que o outro pensa é problema dele, não seu. Antes de tudo, ame-se!

DIA 8
NÃO ESPERE PELOS OUTROS, SEJA EMPÁTICO SEMPRE!

Muitas pessoas adoram receber empatia, carinho e amor, mas, quando chega a vez de elas oferecerem esses sentimentos, não o fazem. É uma pena, pois as relações poderiam ser muito melhores se cada um fizesse a sua parte. No mundo ideal, isso aconteceria, mas no mundo real nem sempre é assim.

Seja mais empático sempre que puder. Desse modo, você semeará pelo caminho os frutos que planeja colher quando essa semente germinar.

DIA 9
ENCONTRE O EQUILÍBRIO ENTRE EMOÇÃO E RAZÃO

Estamos falando sobre empatia e emoções. Estas, muitas vezes, podem nos enganar e fazer com que algumas situações não acabem bem.

Dose a emoção e a razão, assim terá escolhas mais assertivas. Se usarmos apenas a razão, poderemos nos tornar pessoas muito duras e pouco empáticas. Encontrar esse equilíbrio abrirá mais caminhos para nós.

DIA 10
EMPATIA É TER COMPAIXÃO PELOS OUTROS

A empatia vai além do se colocar no lugar do outro; é olhar com amor, compaixão; é não fazer interpretações demasiadas ou errôneas. Por vezes, não sabemos o que a outra pessoa está passando, quais são seus enfrentamentos ou quais são as razões de ela ser ou agir de determinada forma.

Sempre se questione antes de querer interpretar o outro. Pense que cada um tem uma história e, muitas vezes, pode estar carregando fardos pesados. Esses são caminhos para agir com mais empatia e fazer menos interpretações erradas.

DIA 11
O CAMINHO DO AMOR AO PRÓXIMO NÃO É FÁCIL

O caminho do amor e da empatia nem sempre é fácil, mas precisamos escolher trilhá-lo, mesmo que o outro não mereça. Praticar o amor ao próximo é um mandamento e um bem grandioso à humanidade. Tenha a certeza de que a sementinha que você plantar num coração duro um dia irá germinar.

DIA 12
TENHA UMA ESCUTA SENSÍVEL

Antes de fazer qualquer tipo de julgamento ou falar alguma coisa, tenha uma escuta sensível. Você gostaria que te falassem isso? Não faça com os outros aquilo que não gostaria que fizessem com você. Estamos vivendo uma geração que "bateu, levou". Vemos, nas redes sociais, desabafos ou até mesmo insultos que de nada servem e que só fazem crescer a revolta e a intriga. Sejamos mensageiros de coisas boas. Que a empatia e o amor prevaleçam!

DIA 13
NUNCA MINIMIZE A DOR DOS OUTROS

Não devemos nunca minimizar a dor dos outros. O sofrimento é real. Muito do que dói em outra pessoa pode não doer em você e vice-versa. O sofrimento é democrático. Cada qual tem seu momento de dor, então distribua gentileza, respeito e amor. Você pode fazer alguém mais feliz com simples gestos de delicadeza.

DIA 14
APROVEITE OS MOMENTOS DA VIDA COM ALEGRIA E AMOR

Promova a paz, a alegria e o amor aos que estão ao seu redor. Encontre o verdadeiro significado da vida! Dias de incerteza são comuns, então aproveite seus momentos com alegria e amor. Estes são sentimentos imensuráveis!

DIA 15
VIVA UMA VIDA COM ALEGRIA E GRATIDÃO

Viva com a sua melhor versão. Seja alegre, contemple aquilo pelo que você é grato. Assim, perceberá que existem muitas coisas boas ao seu redor. Agradeça a Deus pelos seus dias, pois cada um deles é singular e significa que você está vivo. É uma dádiva estarmos juntos de quem amamos.

DIA 16
CELEBRE A VIDA JUNTO AOS SEUS

Celebre a vida junto aos seus. Aproveite cada momento como se fosse único. As preocupações sempre existirão, mas não deixe que elas roubem a sua alegria. É um presente de Deus ter família e amigos. Às vezes, acabamos considerando comum o fato de termos esses afetos, mas, na verdade, trata-se de uma dádiva divina. Por isso, curta e estime essas pessoas!

DIA 17
LIÇÕES QUE A PANDEMIA NOS TROUXE

A chegada da pandemia do coronavírus (Covid-19) me fez refletir muito sobre o livro que você está lendo. Ele nasceu em meio a uma crise global!

Esse cenário pandêmico nos trouxe muitas coisas, virou nossa vida de cabeça para baixo. Hoje, vivemos com muitas incertezas e ameaças — não sabemos se contraímos o vírus ou não; não sabemos como vamos pagar as contas devido ao desemprego; não sabemos nem se teremos emprego ou se conseguiremos manter nossas empresas abertas etc. Ora as crianças podem ir às escolas, ora a escola entra em nossas casas.

O mais triste disso tudo é que estamos vendo muitas vidas partirem por causa desse vírus terrível. A ciência teve que correr para que pudéssemos ter uma vacina, que, graças a Deus, foi a mais rápida a ser produzida na História!

Podemos ter fé de que tudo isso irá passar, mas, para mim — e acho que para você também —, a pandemia ressignificou muita coisa. Por mais que já saibamos da nossa fragilidade, pudemos enxergar o quanto somos vulneráveis e como estamos sujeitos a intempéries como essa.

A pandemia me trouxe uma lente que nunca irei largar, que é a da necessidade de desfrutar cada dia como único e singular, viver cada momento com intensidade e amor no coração, mesmo que algo queira me entristecer. A vida e a saúde são mais importantes que tudo!

Aprendi a ser mais grata pela saúde da minha família e amigos, pelo mundo "normal" em que vivíamos, por poder fazer atividades do cotidiano, como ir a uma simples padaria... Nesses momentos, aprendemos quais são as dádivas que recebemos diariamente. Cada dia é um recomeço, uma nova chance que se abre diante de nós. O que quero dizer com esta reflexão é que temos muito! Devemos ser felizes com tudo o que temos, até mesmo com as coisas mais simples!

Pessoas são importantes e a falta que fazem quando não podemos nos reunir é imensa! Somos muito dependentes uns dos outros.

Sejamos, então, mais gratos com o que temos e somos, mais amáveis com quem nos cerca. Faça de cada momento simples um acontecimento especial e grande.

Viver é uma dádiva, brinde a vida todos os dias, viva com todo entusiasmo e alegria! Saboreie a vida, pois não temos controle de nada. O único que está no controle de tudo é o nosso Deus. Se estamos vivos, é um presente dEle para nós. Celebre muito essa fantástica jornada. Seja feliz!

DIA 18
SER EMPÁTICO NÃO SIGNIFICA CONCORDAR COM TUDO

Ser empático não quer dizer que você precisa dizer "amém" para tudo nem que você deve deixar que te façam de bobo. A pessoa empática tem sua opinião e o direito de se expressar, mas sabe falar com os outros, mesmo que discorde.

DIA 19
O SOFRIMENTO NOS ENSINA A SER EMPÁTICO COM OS OUTROS

O grande aprendizado para a empatia está no sofrimento. Quando você passa por algo que te causa dor e precisa de acolhimento, nem sempre terá alguém que se coloque em seu lugar. Com o nosso sofrimento, aprendemos a ser empáticos, a nos colocar no lugar do outro de verdade e a ser gentis. Oferecer carinho e atenção sem esperar nada em troca é uma das lições ensinadas pelo sofrimento. Então, podemos enxergá-lo como parte de um processo de evolução, no qual viramos a nossa lente e procuramos entender o outro sem qualquer tipo de julgamento. Isso sim é empatia!

DIA 20
FALE COM SABEDORIA E ENSINE COM AMOR

"Fala com sabedoria e ensina com amor."

(Provérbios 31:26)

Esse versículo diz muito em termos de empatia. Podemos discordar do próximo, mas devemos falar com sabedoria e ensiná-lo com amor. Em momentos assim, estaremos praticando a empatia. Essa atitude pode ser tomada diariamente, seja no local de trabalho ou em casa, por exemplo.

Quando ensinamos algo a uma pessoa nova que entrou no nosso trabalho, antes de tudo, devemos nos lembrar de que ela é um ser humano amado e importante para alguém. Desse modo, a trataremos como gostaríamos que tratassem a nós ou a um ente querido.

Ser empático pode não ser fácil, mas podemos tomar essa decisão todos os dias, a fim de semearmos o amor e a sensibilidade por onde andarmos. Pratique a empatia!

DIA 21
COLOQUE-SE NO LUGAR DO OUTRO

"Bem-aventurados os misericordiosos, porque eles alcançarão misericórdia."
(Mateus 5:7)

Esse versículo nos ensina muito sobre compaixão. Colocar-se no lugar do outro é reconhecer que, um dia, também poderemos passar por situações semelhantes e necessitaremos do entendimento e da empatia alheia.

A jornada da vida é uma via de mão dupla: precisamos uns dos outros. Absolutamente nada nessa caminhada é feito sozinho! Se somos graduados ou aprendemos mais em determinadas áreas da nossa vida, foi porque alguém nos ensinou. Em nosso trabalho, alguém também nos ensinou a exercer nossa função. Nossos pais são mentores da nossa criação, nos prepararam para a vida. Enfim, em todas as áreas aprendemos algo com alguém.

Por isso, ser empático é uma forma de amor, de atenção e companheirismo. Alguém doou seu tempo e sua dedicação para nos ensinar algo melhor. Isso também é exercer empatia!

DIA 22
AJUDAR OS OUTROS É PRATICAR O QUE CRISTO NOS ENSINOU

"Levai as cargas uns dos outros, e assim cumprireis a lei de Cristo."

(Gálatas 6:2)

Levar as cargas uns dos outros significa compreender o momento de dificuldade do próximo e se disponibilizar a estender a mão para ajudá-lo a carregar suas bagagens pesadas de uma forma mais leve. Trata-se de praticar o que Jesus nos ensinou.

DIA 23
TODAS AS PESSOAS MERECEM UMA SEGUNDA CHANCE

"Lembrai-vos dos presos, como se estivésseis presos com eles, e dos maltratados, como sendo-o vós mesmos também no corpo."

(Hebreus 13:3)

Nem sempre é fácil colocar esse versículo em prática. Ao falarmos de um preso, de alguém que cometeu algum delito, nossos valores morais irão falar mais alto. "Fez mesmo, tem que pagar", pensamos. No entanto, se olharmos todo o contexto da história de vida dessas pessoas, muitas vezes, foram negados a elas o amor, a moradia digna, a alimentação... Enfim, N motivos podem existir para que elas tenham agido como agiram. Não estou, contudo, justificando o fato de que cometeram crimes, e, por isso, hoje sofrem as consequências deles.

Também existem aqueles com desvios de caráter, os chamados sociopatas ou psicopatas. Alguns pesquisadores dizem que eles já nasceram assim, outros acreditam que são um pouco destas duas coisas: que a pessoa nasce com uma predisposição e que o meio no qual vive contribui para esse tipo de desvio.

Embora tudo isso exista, creio que todas as pessoas merecem uma segunda chance. Conhecer o evangelho de Jesus Cristo é transformador! Nesses casos, podemos ser empáticos com essas pessoas e levar até elas os ensinamentos que temos, de que é possível sermos pessoas melhores mesmo diante do que nos aconteceu. Podemos levar inspiração de vida, contar que existe um caminho melhor para seguir. Isso é praticar o que o versículo acima fala. Levar esperança aos corações pode transformar vidas que estão à beira da morte.

DIA 24
DESENVOLVA A PRÁTICA DO FRUTO DO ESPÍRITO

"Mas o fruto do espírito é: caridade, gozo, paz, longanimidade, benignidade, bondade, fé, mansidão, temperança."

(Gálatas 5:22)

Se conseguirmos colocar em prática ao menos uma dessas qualidades, já estaremos construindo um mundo melhor. Faça a diferença! São essas sementes que um dia germinarão e darão belos frutos.

DIA 25
A VIDA É UM APRENDIZADO CONSTANTE

"Tratemos de discernir juntos o que é certo e de aprender o que é bom."

(Jó 34:4)

Vamos construir um mundo mais empático reconhecendo que juntos somos mais fortes. Podemos aprender mais! Não somos bons em tudo, mas podemos trocar o que sabemos. Não devemos ser egocêntricos e achar que sabemos mais que o outro. Ninguém é 100% em tudo, e isso não é um problema. Podemos ser mais sensíveis e sábios quando estamos no caminho de um aprendizado constante.

DIA 26
É POSSÍVEL VIVER EM PAZ COM OS OUTROS

"Com toda a humildade e mansidão, com longanimidade, suportando-vos uns aos outros em amor."

(Efésios 4:2)

Vemos, nesse ensinamento bíblico, que podemos viver de forma harmoniosa e sem julgamentos. Que o amor e a bondade são dois grandes caminhos para uma vida saudável e de paz. Que encontraremos pessoas as quais teremos que suportar com a bondade que carregamos em nossos corações. Que nem sempre é fácil, que existem, sim, pessoas difíceis, mas que temos que aprender a conviver com elas.

DIA 27
PRATIQUE O BEM E AME OS OUTROS, INCLUSIVE AQUELES DE QUEM VOCÊ NÃO GOSTA

Temos que usar a empatia mesmo com aqueles que não gostamos. Isso é um sinal de que aprendemos o verdadeiro significado dela: praticar o bem e amar o próximo sem nenhum julgamento apesar dos desafetos.

DIA 28
COMO COMPREENDER AS OUTRAS PESSOAS?

Compreender o outro demanda escuta, observação e doação do amor.

DIA 29
A IMPORTÂNCIA DE SERMOS MISERICORDIOSOS

"Antes sede uns para com os outros benignos, misericordiosos, perdoando-vos uns aos outros, como também Deus vos perdoou em Cristo."

(Efésios 4:32)

Cristo nos ensina a importância de sermos misericordiosos. Saber perdoar e amar o próximo são sentimentos e atitudes que nos elevam como seres humanos, que fazem um bem grandioso para a nossa alma e para quem está ao nosso redor.

DIA 30
A GRANDEZA DO AMOR

"Nem muitas águas conseguem apagar o amor; os rios não conseguem levá-lo na correnteza. Se alguém oferecesse todas as riquezas da sua casa para adquirir o amor, seria totalmente desprezado."

(Cânticos 8:7)

DIA 31
A EMPATIA NOS TRAZ UM SENTIMENTO DE PAZ E ALEGRIA QUE NINGUÉM PODE ROUBAR

Devemos nos colocar no lugar do próximo e praticar o bem a todos ao nosso redor. Assim, seguiremos o que o Maior dos mestres já registrou: "Amar o próximo como a nós mesmos".

A empatia enaltece a alma e traz um sentimento de paz e amor dentro da gente que nada pode roubar.

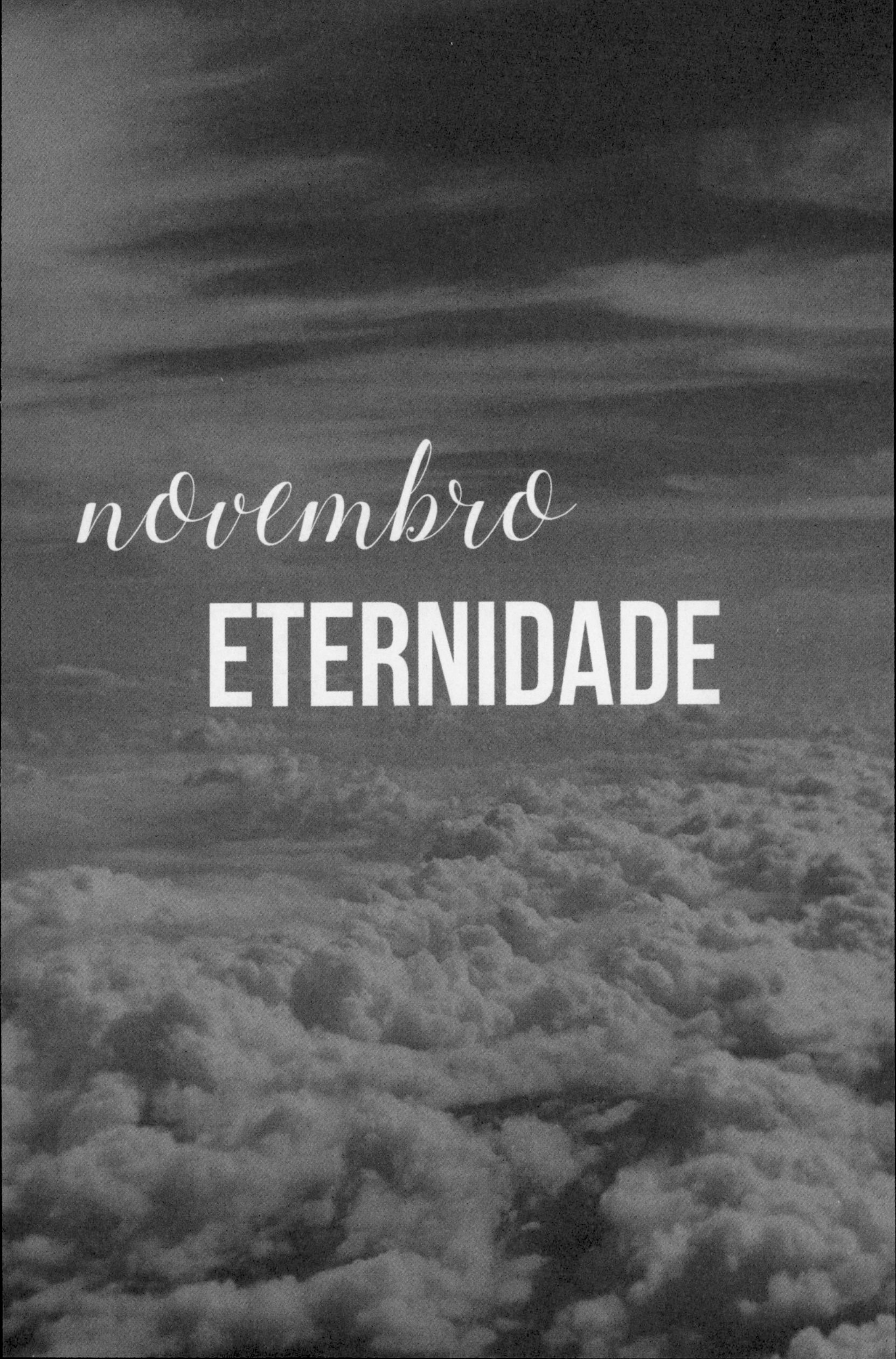

novembro
ETERNIDADE

DIA 1
A MORTE É A ÚNICA CERTEZA DA VIDA

Vamos conversar um pouco sobre eternidade, vida e morte. Estes são temas que, muitas vezes, não são abordados, mas que considero bem pertinentes, pois a morte é a única certeza que temos na vida.

Estamos inseridos em uma cultura que acha que a morte é derrota, mas, na verdade, trata-se da nossa passagem para a vida eterna, para a nossa morada com Deus. Claro que perder um ente querido dói muito, mas saber que iremos encontrar com ele em um lugar melhor traz certo conforto.

A Bíblia nos diz que o último inimigo a ser vencido é a morte, quando passaremos da vida terrena para a eternidade. Se você quer compreender melhor essa passagem que todos nós faremos um dia, te convido a procurar um pastor ou um mentor espiritual. Isso irá te ajudar a esclarecer esse assunto!

DIA 2
A PALAVRA DE DEUS É A ÚNICA QUE PERMANECE

"E o mundo passa, e a sua concupiscência; mas aquele que faz a vontade de Deus permanece para sempre."

(1 João 2:7)

Podemos constatar que a Bíblia foi escrita por homens de Deus e inspirada pelo Espírito Santo. Pessoas que viveram com Jesus Cristo na Terra deixaram seus manuscritos, que acabaram por se tornar o livro que conhecemos como Bíblia Sagrada.

Nela, existem vários ensinamentos para a vida humana em todas as áreas, seja ela conjugal, profissional, familiar, relacional e, principalmente, sobre a vida eterna. Aprenderemos mais sobre esta última nas reflexões deste mês.

DIA 3
A VIDA ETERNA É UM PRESENTE DE DEUS

"E o testemunho é este: que Deus nos deu a vida eterna; e esta vida está em seu Filho. Escrevi-lhes estas coisas, a vocês que creem no nome do Filho de Deus, para que vocês saibam que têm a vida eterna."

(1 João 5:11–13)

A vida eterna é um presente de Deus para nós. Pensar nela é, para mim, algo prazeroso. Saber que a nossa vida não acaba aqui, neste mundo terreno, e que ainda temos o direito de viver eternamente em um lugar melhor, onde não existe maldade nem sofrimento, parece mágico, mas é muito verdadeiro! Vamos viver juntos na eternidade?!

DIA 4
CRISTO CUMPRIU O PLANO DE DEUS NOS DANDO A VIDA ETERNA

"Porque Deus amou o mundo de tal maneira que deu o seu Filho unigênito, para que todo aquele que nele crê não pereça, mas tenha a vida eterna."

(João 3:16)

Jesus morreu na cruz e ressuscitou por nós, pagando um preço muito alto pelo nosso pecado. O sacrifício já foi feito, basta crermos em Jesus e andarmos em Seus ensinamentos para que sejamos salvos, tendo direito à vida eterna com Ele.

A maldade existe desde que o mundo é mundo, pois o homem, por si só, é mau, tem desejos malignos. Mas Deus, em Sua infinita bondade e amor, já tinha um plano de salvação para a humanidade que foi concluído em Cristo.

DIA 5
DAVI CONFIAVA NA BONDADE DE DEUS E NA VIDA ETERNA

"Sonda-me, ó Deus, e conhece o meu coração; prova-me e conhece os meus pensamentos. E vê se há em mim algum caminho mau e guia-me pelo caminho eterno."

(Salmo 139:23–24)

Davi foi um homem conhecido por ser segundo o coração de Deus. Ele era sincero, amável e fiel. Mesmo com todas essas qualidades, Davi cometeu erros gravíssimos — entre eles, um homicídio. O Senhor, em Sua infinita graça e misericórdia, perdoou-lhe, pois viu um verdadeiro arrependimento em seu coração.

Davi era um homem e soldado valente, destemido. Podemos conferir em sua história que ele venceu o gigante Golias, pois confiava que Deus estava com ele. Diante disso, aprendemos que nós, seres humanos, podemos cometer erros, contudo, se nos arrependermos e nos desviarmos dos caminhos tortuosos, podemos ser salvos. Davi confiava na bondade de Deus e na vida eterna!

DIA 6
A FÉ EM JESUS CRISTO NOS GARANTE A VIDA ETERNA

"O que é nascido de Deus vence o mundo; e esta é a vitória que vence o mundo: a nossa fé."

(1 João 5:4)

Se pensarmos que só temos esta vida terrena, parece que nossa existência é curta e vazia. No entanto, quando lemos a Bíblia, encontramos palavras de vida eterna.

Nosso coração se alegra ao saber que existe um Criador, Senhor de todas as coisas, e que temos a eternidade para desfrutar com Ele em um lugar chamado Nova Jerusalém, onde não haverá guerras nem sofrimentos, apenas amor e paz. Não é fantástico?

Podemos chegar lá por meio da fé em Jesus Cristo. Quando cremos nEle, apesar das aflições terrenas, recebemos forças para confiar que seremos vitoriosos. Podemos vencer o mundo e a morte por meio da fé que temos nEle!

DIA 7
UM DIA ENFRENTAREMOS A MORTE E A VIDA DO OUTRO LADO

"Embora exteriormente estejamos a desgastar-nos, interiormente estamos sendo renovados dia após dia, pois os nossos sofrimentos leves e momentâneos estão produzindo para nós uma glória eterna que pesa mais do que todos eles."
(2 Coríntios 4:16–17)

Nesta vida terrena, passaremos por diversas tribulações, decepções, mas todas elas são momentâneas e estão nos preparando para a glória da vida eterna. Tenho a certeza de que você já passou por experiências nas quais, por menores que tenham sido, Deus se revelou.

Ele nos deu a oportunidade de saber que existe uma vida após a morte que será vivida no céu ou no inferno. A maioria das pessoas não quer falar sobre esse assunto, mas ele **é importantíssimo, pois um dia enfrentaremos a morte e a vida do outro lado.**

Ao abordar esse tema, quero trazer alegria, **não pesar. Quero quebrar o tabu que** muitos ainda **têm sobre a vida eterna. Quero ser mensageira** das boas-novas. A vida eterna com Cristo é de uma alegria imensurável, pois Ele quer todos os Seus filhos vivendo para sempre em Sua companhia.

Para mim, **não teria muito cabimento acreditar que viemos de uma explosão e que viveremos aqui** por mais ou menos 80 anos e fim. Acredito que somos seres eternos e que temos uma vida eterna com Cristo em um lugar maravilhoso que já está sendo preparado para passarmos a eternidade.

Sabe aquele vazio que temos, que aparece de repente e que nada parece poder preencher — nem todos os bens materiais ou algum outro prazer? Pois é! **É o nosso espírito clamando pelo nosso Pai, por algo que só o Espírito Santo pode** nos dar. Mediante a nossa fé em Cristo, poderemos compreender a vida eterna que Ele nos oferece. Busque, ore e medite, a fim de que Ele se revele a você.

DIA 8
VIVEREMOS COM CRISTO PARA SEMPRE

"E ouvi uma grande voz do céu, que dizia: Eis aqui o tabernáculo de Deus com os homens, pois com eles habitará, e eles serão o seu povo, e o mesmo Deus estará com eles e será o seu Deus. E Deus limpará de seus olhos toda lágrima, e não haverá mais morte, nem pranto, nem clamor, nem dor, porque já as primeiras coisas são passadas."

(Apocalipse 21:3–4)

Como será incrível quando passarmos da morte para a vida eterna com Cristo, no lugar que Ele preparou para nós, onde não haverá nem pranto nem dor, porque estas são coisas do passado! Quando chegarmos na Nova Jerusalém, sequer nos lembraremos da nossa vida terrena! Imagine que lugar espetacular!

DIA 9
A CAMINHADA COM DEUS É DIFÍCIL

"Entrem pela porta estreita, pois larga é a porta e amplo o caminho que leva à perdição, e são muitos os que entram por ela. Como é estreita a porta, e apertado o caminho que leva à vida! São poucos os que a encontram. Cuidado com os falsos profetas. Eles vêm a vocês vestidos de peles de ovelhas, mas por dentro são lobos devoradores."

(Mateus 7:13–15)

A caminhada com Cristo nem sempre será fácil. Estamos sujeitos a muitas propostas e caminhos que podem nos levar à perdição, que são contrários à Palavra de Deus.

Como sabemos, há traficantes mafiosos seguindo o caminho da maldade. Eles roubam e enganam pessoas, mas o fim deles sempre será péssimo. Podem até ter uma vida confortável e viverem bem por um tempo, mas, no final, acabarão presos ou até pior: mortos. Um dia, contudo, num grande tribunal, prestaremos contas de todos os nossos atos terrenos.

DIA 10
OS SOFRIMENTOS SÃO PASSAGEIROS

"Considero que os nossos sofrimentos atuais não podem ser comparados com a glória que em nós será revelada."
(Romanos 8:18)

Muitas coisas nos serão reveladas no futuro. Há aquelas que são mistérios de difícil entendimento, mas quando pedimos ao Pai das luzes que nos acrescente fé, Ele acrescenta. Podemos acreditar na vida eterna quando a fé nEle estiver em nossos corações.

DIA 11
A VIDA ETERNA EM CRISTO TRAZ PROPÓSITO A NOSSA VIDA

"Mas aquele que beber da água que eu lhe der nunca terá sede, porque a água que eu lhe der se fará nele uma fonte de água a jorrar para a vida eterna."
(João 4:14)

Quando temos fé e acreditamos naquilo que Jesus nos ensinou, nossa sede é saciada. Essa sede são todas as nossas experiências da vida terrena. Quando caminhamos com Cristo, tudo passa a ter significado e propósito. Contudo, ainda que tenhamos fé, não estamos imunes aos variados acontecimentos que podem se abater sobre nós.

Deus não faz de nós robôs, mas nos dá o livre arbítrio para escolher, mesmo que algumas das nossas escolhas sejam frustradas. Ele nos dá fé e esperança para atravessar a vida e torna nossos pesos mais leves. Em Sua glória, não teremos sede alguma, pois passaremos da morte para a vida, de um corpo corruptível para um incorruptível. Creia na vida terrena, que traz alegria para nossos dias e corações.

DIA 12
NÃO FIQUE PRESO ÀS COISAS DESSA VIDA TERRENA

"Quem semeia para a sua carne, da carne colherá destruição; mas quem semeia para o Espírito, do Espírito colherá a vida eterna. E não nos cansemos

de fazer o bem, pois no tempo próprio colheremos, se não desanimarmos."

(Gálatas 6:8)

Temos um corpo, uma alma e um espírito. Por isso, devemos cuidar do nosso corpo e suprir nossas necessidades básicas, mas também devemos manter conectados nossa alma e nosso espírito com o nosso Criador.

Semear para a carne é ficar preso apenas nas coisas desta vida. Semear para o espírito é estar em contato com Ele e com a vida eterna que nos foi prometida, buscando o Senhor e enchendo nossa alma de bondade e amor. Somente o amor pode mudar o mundo. Com ele, somos melhores e construímos coisas lindas à nossa volta.

DIA 13
BUSQUE EM PRIMEIRO LUGAR O REINO DE DEUS

"Portanto eu lhes digo: não se preocupem com suas próprias vidas, quanto ao que comer ou beber; nem com seus próprios corpos, quanto ao que vestir. Não é a vida mais importante do que a comida, e o corpo mais importante do que a roupa? Observem as aves do céu: não semeiam nem colhem nem armazenam em celeiros; contudo, o Pai celestial as alimenta. Não têm vocês muito mais valor do que elas? Quem de vocês, por mais que se preocupe, pode acrescentar uma hora que seja à sua vida? Por que vocês se preocupam com roupas? Vejam como crescem os lírios do campo. Eles não trabalham nem tecem. Contudo, eu lhes digo que nem Salomão, em todo o seu esplendor, vestiu-se como um deles. Se Deus veste assim a erva do campo, que hoje existe e amanhã é lançada ao fogo, não vestirá muito mais a vocês, homens de pequena fé? Portanto, não se preocupem, dizendo: 'Que vamos comer?' ou 'que vamos beber? ' ou 'que vamos vestir?' Pois os pagãos é que correm atrás dessas coisas; mas o Pai celestial sabe que vocês precisam delas. Busquem, pois, em primeiro lugar o Reino de Deus e a sua justiça, e todas essas coisas lhes serão acrescentadas. Portanto, não se preocupem com o amanhã, pois o amanhã se preocupará consigo mesmo. Basta a cada dia o seu próprio mal."

(Mateus 6:25–34)

DIA 14
NADA PODE NOS SEPARAR DO AMOR DE DEUS

"Quem nos separará do amor de Cristo? Será tribulação, ou angústia, ou perseguição, ou fome, ou nudez, ou perigo, ou espada? Como está escrito: 'Por amor de ti enfrentamos a morte todos os dias; somos considerados como ovelhas destinadas ao matadouro'. Mas, em todas estas coisas somos mais que vencedores, por meio daquele que nos amou. Pois estou convencido de que nem morte nem vida, nem anjos nem demônios, nem o presente nem o futuro, nem quaisquer poderes, nem altura nem profundidade, nem qualquer outra coisa na criação será capaz de nos separar do amor de Deus que está em Cristo Jesus, nosso Senhor."

(Romanos 8:35–39)

Nada pode nos separar do amor de Deus. É Ele que nos dá a vida eterna, e, com Ele, desfrutaremos do Amor por toda a eternidade.

DIA 15
DEUS NOS PROMETEU A VIDA ETERNA

"E esta é a promessa que Ele nos fez: a vida eterna."

(1 João 2:25)

DIA 16
DEUS NOS PREPAROU UMA MORADA ETERNA

"Não se perturbe o coração de vocês. Creiam em Deus; creiam também em mim. Na casa de meu Pai há muitas moradas; se não fosse assim, eu lhes teria dito. Vou preparar-lhes lugar. E se eu for e lhes preparar lugar, voltarei e os levarei para mim, para que vocês estejam onde eu estiver."

(João 14:1–3)

Algumas vezes, as pessoas não querem falar sobre a eternidade. Penso que isso seja necessário, afinal, é a nossa vida eterna que está em jogo. Hoje, quero falar sobre o céu com você.

Esses versículos nos mostram o cuidado de Deus para conosco. Ele pensou na nossa morada eterna, e Jesus conversou sobre isso com

Seus discípulos. O Mestre precisou enfrentar o sacrifício na cruz pelo perdão dos nossos pecados.

Acreditar na eternidade traz um conforto muito grande a nós, pois nossa vida não se resume aos nossos dias nesta terra. Se há um Deus Criador de todas as coisas, como Ele seria capaz de fazer algo para ser exterminado? Nosso Deus é muito maior e mais criativo do que podemos imaginar. Ele prometeu que já preparou uma morada para nós e, um dia, voltará para nos buscar.

DIA 17
NADA SE COMPARA AO QUE DEUS PREPAROU PARA NÓS

"Todavia, como está escrito: 'Olho nenhum viu, ouvido nenhum ouviu, mente nenhuma imaginou o que Deus preparou para aqueles que o amam.'"

(1 Coríntios 2:9)

Deus já preparou a nossa morada. Sei que pode ser difícil entender a eternidade, mas te convido a pedir ao Espírito Santo de Deus que te dê entendimento e coloque essa certeza em seu coração. Por mais que tentemos compreender ou imaginar, nada se compara, de fato, ao que Ele preparou para nós. Procure leituras bíblicas sobre a eternidade e tire suas dúvidas sobre esse tema. Tenho certeza de que isso trará paz e entendimento ao seu coração!

DIA 18
CREIA NA ETERNIDADE

"Combata o bom combate da fé. Tome posse da vida eterna, para a qual você foi chamado e fez a boa confissão na presença de muitas testemunhas."

(1 Timóteo 6:12)

Crer na vida eterna é crer em Jesus como nosso único e suficiente Salvador. A eternidade se refere ao mundo espiritual, que não é palpável, mas sentido em nossos corações, no qual podemos crer com grande certeza e convicção. A Bíblia sagrada pode nos ajudar nesse entendimento!

DIA 19
A PROMESSA DA RESSURREIÇÃO

"Eu lhes asseguro: Quem ouve a minha palavra e crê naquele que me enviou, tem a vida eterna e não será condenado, mas já passou da morte para a vida. Eu lhes afirmo que está chegando a hora, e já chegou, em que os mortos ouvirão a voz do Filho de Deus, e aqueles que a ouvirem viverão."

(João 5:24–25)

Esse é mais um exemplo bíblico que nos fala sobre a vida eterna, sobre o quanto ela é real. A morte será experimentada em nossa carne, mas é apenas uma passagem. Temos uma alma, um espírito que viverá por toda a eternidade.

DIA 20
JESUS VIRÁ NOS BUSCAR, VOCÊ ESTÁ PRONTO?

"Naquela ocasião Miguel, o grande príncipe que protege o seu povo, se levantará. Haverá um tempo de angústia tal como nunca houve desde o início das nações e até então. Mas naquela ocasião o seu povo, todo aquele cujo nome está escrito no livro, será liberto. Multidões que dormem no pó da terra acordarão: uns para a vida eterna, outros para a vergonha, para o desprezo eterno. Aqueles que são sábios reluzirão como o brilho do céu, e aqueles que conduzem muitos à justiça serão como as estrelas, para todo o sempre."

(Daniel 12:1–3)

Esses versículos são um breve relato do que está por vir — Jesus virá para buscar Seu povo. Precisamos estar preparados, pois a Bíblia fala que Ele virá como um ladrão, ou seja, não saberemos o dia nem a hora, assim como também não sabemos quem vai para o céu ou para o inferno. Você já parou para pensar no seu destino eterno?

DIA 21
O LIVRO DA VIDA

"Vi também os mortos, grandes e pequenos, de pé diante do trono, e livros foram abertos. Outro livro foi aberto, o livro da vida. Os mortos foram julgados de acordo com o que tinham feito, segundo o que estava registrado nos livros. O mar entregou os mortos que nele havia, e a morte e o Hades entregaram os mortos que neles havia; e cada um foi julgado de acordo com o que tinha feito. Então a morte e o Hades foram lançados no lago de fogo. O lago de fogo é a segunda morte. Se o nome de alguém não foi encontrado no livro da vida, este foi lançado no lago de fogo."

(Apocalipse 20:12–15)

Existe um "Livro da Vida", no qual o nome dos que aceitaram a Jesus como seu Senhor e Salvador estão escritos. Passaremos pelo julgamento, mas aqueles que constarem nesse livro serão salvos.

DIA 22
LIVRO MEMORIAL

"Depois aqueles que temiam ao Senhor conversaram uns com os outros, e o Senhor os ouviu com atenção. Foi escrito um livro como memorial na sua presença acerca dos que temiam ao Senhor e honravam o seu nome. 'No dia em que eu agir', diz o Senhor dos Exércitos, 'eles serão o meu tesouro pessoal. Eu terei compaixão deles como um pai tem compaixão do filho que lhe obedece.'"

(Malaquias 3:16–17)

"Então Deus lembrou-se de Noé e de todos os animais selvagens e rebanhos domésticos que estavam com ele na arca, e enviou então um vento sobre a terra, e as águas começaram a baixar. As fontes das profundezas e as comportas do céu se fecharam, e a chuva parou."

(Gênesis 8:1–2)

Quando a Bíblia fala que "Deus lembrou-se", não é porque Ele tinha se esquecido, mas sim porque Ele havia estabelecido que aquele era o momento de ocorrer a bênção. O Senhor tem um tempo determinado para que isso aconteça!

DIA 23
LIVRO DOS VIVOS

"Sejam eles tirados do livro da vida e não sejam incluídos no rol dos justos."
(Salmos 69:28)

"Os teus olhos viram o meu embrião; todos os dias determinados para mim foram escritos no teu livro antes de qualquer deles existir." **(Salmos 139:16)**

Acredito que no livro que intitula a reflexão de hoje contenha o registro de todas as pessoas que já nasceram na Terra.

DIA 24
LIVRO DA VIDA DO CORDEIRO

"Sim, e peço a você, leal companheiro de jugo, que as ajude; pois lutaram ao meu lado na causa do evangelho, com Clemente e meus demais cooperadores. Os seus nomes estão no livro da vida."
(Filipenses 4:3)

Nesse livro, só estarão escritos os nomes daqueles que aceitaram a Jesus como único e suficiente Salvador, ou seja, daqueles que viverão com Cristo por toda a eternidade.

DIA 25
LIVRO DAS LÁGRIMAS

"Registra, tu mesmo, o meu lamento; recolhe as minhas lágrimas em teu odre; acaso não estão anotadas em teu livro?"
(Salmos 56:8)

Os rabinos acreditam que há um livro onde estão anotadas todas as nossas lágrimas, dores e sofrimento. Acreditam, também, que até o número de nossas lágrimas está anotado por Deus nesse livro.

DIA 26
LIVROS DE OBRAS

"Vi também os mortos, grandes e pequenos, de pé diante do trono, e livros foram abertos. Outro livro foi aberto, o livro da vida. Os mortos foram julgados de acordo com o que tinham feito, segundo o que estava registrado nos livros."

(Apocalipse 20:12)

O texto acima afirma que as obras de cada um de nós estão escritas nos livros de obras — "livros", no plural, pois são muitos. Imagine as obras de cada um de nós sendo registradas por nosso Deus? Esses exemplares serão abertos no dia do juízo final e contêm tudo o que praticamos na Terra.

DIA 27
LIVRO DOS SETE SELOS

"Então vi na mão direita daquele que está assentado no trono um livro em forma de rolo escrito de ambos os lados e selado com sete selos."

(Apocalipse 5:1)

Esse livro determina o que irá acontecer durante a grande tribulação na Terra. No tempo em que a Bíblia foi escrita, os livros eram rolos que tinham selos por dentro e por fora.

DIA 28
QUEM CRÊ EM CRISTO IRÁ RESSUSCITAR

"Disse-lhe Jesus: 'Eu sou a ressurreição e a vida. Aquele que crê em mim, ainda que morra, viverá; e quem vive e crê em mim, não morrerá eternamente. Você crê nisso?'"

(João 11:25–26)

Mesmo que o nosso corpo nesta vida terrena morra, o nosso espírito estará com Deus por toda a eternidade.

DIA 29
PENSAR NA ETERNIDADE NOS FAZ SABER QUE DEUS COMANDA TODO O UNIVERSO

Falar sobre a eternidade é algo muito amplo. Tudo que escrevi até aqui envolve o que eu acredito. Para mim, pensar na eternidade é saber que Deus rege nosso universo de modo fantástico!

DIA 30
A NOSSA VIDA NÃO ACABA AQUI

Desde que Deus planejou a raça humana, a eternidade já existia. Ele prova isso para nós com a ciência! Neurocientistas descobriram a menor substância do universo, os "quarks" — substância tão pequena que não dá nem para ser chamada de matéria, mas sim de onda sonora.

Quando Deus disse "haja luz" e houve luz, "haja planta" e houve planta, não tenho dúvidas de que fomos criados por ondas sonoras. Foi a voz do próprio Criador que trouxe tudo à existência!

A vida não acaba aqui. A nossa maior vitória está na eternidade, onde viveremos em grande paz e harmonia para sempre.

dezembro
SUCESSO

DIA 1
SUCESSO É ESTAR CONTENTE EM TUDO

Para mim, sucesso é ter uma família, ser feliz com pouco ou com muito, é ter contentamento em tudo e saúde no lar. Esse é o maior presente que podemos ter!

DIA 2
O VERDADEIRO SUCESSO É A FELICIDADE

Há quem pense que ter sucesso é ter muito dinheiro, morar em uma mansão e voar de jatinho particular. Sim, essas coisas são boas e nos trazem prazer de certa forma, mas não são tudo. O verdadeiro sucesso é a felicidade que está nas coisas mais simples da vida — um amor verdadeiro, uma amizade sincera, um lar em paz.

DIA 3
O DINHEIRO NÃO PODE COMPRAR O VERDADEIRO SUCESSO

Já vi pessoas bem-sucedidas, mas infelizes, mesmo com muitas posses. Bens materiais nos trazem felicidades momentâneas, mas o verdadeiro sucesso está no bem-estar, na paz de espírito, no contentamento de ser quem somos. Isso o dinheiro não pode comprar!

DIA 4
O QUE É SER BEM-SUCEDIDO?

Se você tem um lar de paz, alguém que te chama de "amor" e amigos verdadeiros que desejam te ver vencendo e não têm inveja, saiba que você é uma pessoa bem-sucedida!

DIA 5
SUCESSO É SEMPRE LUTAR, SEM DESANIMAR

Na caminhada da vida terrena, iremos passar por diversos desafios. Derrotas e vitórias fazem parte da nossa trajetória, mas se mudarmos a lente e aprendermos a editar as intempéries da vida, transformando as derrotas vividas em aprendizado e passando isso adiante, perceberemos que sucesso é isto: é sempre lutar, sem desaminar, e levantar a bandeira da esperança, seguindo em frente e fazendo o nosso melhor!

DIA 6
UM DOS SEGREDOS DO SUCESSO É NÃO DESISTIR

"Não deixe de falar as palavras deste Livro da Lei e de meditar nelas de dia e de noite, para que você cumpra fielmente tudo o que nele está escrito. Só então os seus caminhos prosperarão e você será bem-sucedido. Não fui eu que lhe ordenei? Seja forte e corajoso! Não se apavore, nem se desanime, pois o Senhor, o seu Deus, estará com você por onde você andar."

(Josué 1:8–9)

A Bíblia nos traz ensinamentos diversos, e um deles é o caminho para o sucesso em todos os sentidos, material e espiritual. Meditando nela, encontraremos orientações para a nossa vida conjugal, financeira, familiar, profissional e espiritual.

Um dos segredos para o sucesso é não desanimar nem desistir. Haverá dias quase insuportáveis, mas com a força de Deus venceremos! Ouviremos críticas, mas teremos amigos de verdade, inspirados por

Deus, para nos levantar. Não desista jamais, por pior que possa parecer, pois não desistir é o caminho para o grande sucesso.

DIA 7
PARA TER SUCESSO, CONHEÇA A SI MESMO

O autoconhecimento faz parte do caminho para o sucesso.

DIA 8
O SUCESSO DOS MAUS É PASSAGEIRO

"Descanse no Senhor e aguarde por ele com paciência; não se aborreça com o sucesso dos outros, nem com aqueles que maquinam o mal. Evite a ira e rejeite a fúria; não se irrite: isso só leva ao mal. Pois os maus serão eliminados, mas os que esperam no Senhor receberão a terra por herança."

(Salmos 37:7–9)

Pelo caminho da vida, iremos encontrar vários contratempos e até pessoas que praticam o mal se dando bem. Pode parecer injusto, mas não se ire, pois isso só irá fazer mal a você. Agarre-se à fé e à perseverança. Não desista de fazer o bem, pois a sua vitória chegará.

DIA 9
AS GRANDES CONQUISTAS DA VIDA

Paz de espírito, consciência tranquila, amor e carinho: não há dinheiro que pague essas coisas! São suas grandes conquistas e seu maior sucesso.

DIA 10
LUTE PELOS SEUS OBJETIVOS, ELES SÃO O SEU MAIOR TESOURO

O sucesso é uma luta diária de buscar as coisas que fazem sentido para você. Lute pelos seus objetivos. Pelo seu casamento. Pelos seus verdadeiros amigos. Pela sua família. Estes são os seus maiores tesouros.

DIA 11
A ÁRVORE PRECISA SER PODADA PRA CONTINUAR PRODUZINDO

O caminho para o sucesso começa como uma semente que precisa ser cultivada com doses diárias de luta, fé e perseverança. Depois de germinar e dar seus frutos, a árvore precisa ser podada para que novos ramos venham a crescer. Do mesmo modo, depois de termos feito algum sucesso, precisamos rever onde precisamos melhorar. Muitas coisas devem ser tiradas ou trocadas de lugar para que novas venham a existir.

DIA 12
COMO É BOM TER UMA BOA REPUTAÇÃO

"A boa reputação vale mais que grandes riquezas; desfrutar de boa estima vale mais que prata e ouro."

(Provérbios 22:1)

Como é bom ter uma boa reputação e fazer um trabalho honesto. Não tem coisa melhor do que ser bem reconhecido por isso! Muitas vezes, as pessoas almejam grandes lucros e fazem coisas erradas para obtê-los, mas, no final, acabam envergonhadas, pois tudo que é feito desonestamente acaba sendo descoberto. Aquele que preza por uma boa reputação terá alegria e satisfação constantes.

DIA 13
A GESTÃO EMOCIONAL FAZ PARTE DO SUCESSO PARA A NOSSA VIDA

A gestão emocional, como o autoconhecimento, faz parte do sucesso para as nossas vidas. Acho muito importante alinhar isso! Você já viu aquela pessoa que, para os negócios, é um furacão, mas que, na vida pessoal, no rol de amigos ou com o cônjuge, nada vai bem? Pois é! Ela precisa alinhar a gestão emocional em sua vida, se autoconhecer, a fim de avaliar o que a atrapalha a ter relacionamentos saudáveis e duradouros.

DIA 14
O SUCESSO NOS MOSTRA QUEM SÃO O VERDADEIROS AMIGOS

"Para conhecermos os amigos é necessário passar pelo sucesso e pela desgraça. No sucesso, verificamos a quantidade e, na desgraça, a qualidade."

(Confúcio)

Isso é uma grande verdade. É fácil termos amigos quando estamos no topo, mas os verdadeiros permanecerão ao nosso lado mesmo nos momentos de dificuldade.

DIA 15
NÃO FIQUE DESLUMBRADO COM O SUCESSO

"O sucesso é um professor perverso. Ele seduz as pessoas inteligentes e as faz pensar que jamais vão cair."

(Bill Gates)

Temos que tomar cuidado com o sucesso para não ficarmos deslumbrados. A vida é uma roda gigante: hoje, podemos estar lá em cima, e amanhã, lá embaixo. Não sejamos presunçosos em nosso próprio entendimento. Preservemos a humildade e ouçamos os bons conselhos!

DIA 16
O SUCESSO DEPENDE DA NOSSA CORAGEM

O sucesso depende da nossa coragem de não ter medo de fracassar, de arriscar, de nos doar. Na maioria das vezes, é errando que se aprende.

DIA 17
NO CAMINHO PARA UM NEGÓCIO DE SUCESSO

Para grandes investimentos, é preciso estudar e levantar dados estatísticos, mas, para termos sucesso, sem dúvidas, uma dose de coragem sempre prevalece!

DIA 18
SUCESSO É TER PROPÓSITO EM TUDO O QUE FAZEMOS

Para termos sucesso, precisamos começar fazendo o que amamos, pois é preciso estar feliz e realizado em todos os sentidos. Já vi pessoas fazerem determinadas faculdades porque os pais idealizavam aquela profissão para elas, mas que não as deixava felizes. O que aconteceu? Entregaram o diploma para os pais e foram fazer o que realmente as motivava!

Mais que sucesso, é preciso ter um propósito em tudo aquilo que fazemos. Do contrário, nossas ações não serão legítimas e sempre haverá uma lacuna! Ter sucesso é fazer aquilo que te faz feliz e te motiva de verdade.

DIA 19
AS DIFICULDADES FAZEM PARTE DA CAMINHADA

A caminhada para o sucesso não é fácil; há dias de incertezas e dias de glória, mas tudo faz parte do caminho!

DIA 20
A AUTOCONFIANÇA

Uma chave importante para o sucesso é a autoconfiança. Uma chave importante para a autoconfiança é a preparação.

DIA 21
A CAMINHADA PARA O SUCESSO REQUER MUITO ESFORÇO

A caminhada para o sucesso é árdua e necessita de muita dedicação, estudo, entrega e renúncia, mas, no final, a sensação de missão cumprida não tem preço!

DIA 22
POR QUE MUITAS PESSOAS NUNCA CHEGARÃO AO SUCESSO?

Sabe por que muitas pessoas nunca chegarão ao sucesso? Porque elas param no meio do caminho e ficam observando os outros. Na vida, há o infeliz e o corajoso. Aquele fica só criticando, fazendo julgamentos, fixado no erro do próximo, não tem um olhar para enaltecer ninguém; já este está sempre caminhando, mesmo com críticas e julgamentos. Quem terá sucesso? Com certeza, o corajoso.

DIA 23
NADA É FEITO SOZINHO, BUSQUE CONSELHOS

"Os planos fracassam por falta de conselho, mas são bem sucedidos quando há muitos conselheiros."

(Provérbios 15:22)

Reconhecer que nada na vida é feito sozinho é um grande passo para o sucesso. A Bíblia nos instrui a isto: precisamos de conselhos. A vida é um eterno compartilhar. Nesta troca, saímos mais fortalecidos.

DIA 24
AS NOSSAS ESCOLHAS FAZEM A DIFERENÇA

"A vida não é o que é suposto ser. É o que é. A maneira como você lida com isso é o que faz a diferença."

(Virginia Satir)

A vida é criada a partir das nossas escolhas. Fazer a diferença, mudar a nossa lente e a forma com que conduzimos as coisas é o caminho para uma vida de sucesso. Quando falo de uma vida de sucesso, não estou me referindo apenas a valores materiais, mas sim espirituais, que estão dentro de cada um de nós e que podemos usar a nosso favor e com as pessoas que estão ao nosso redor. Esses valores têm a ver com amor, empatia, perdão, ao modo como lidamos com tudo que nos cerca, os quais o ladrão não pode roubar nem a traça pode corroer. Faça a diferença!

DIA 25
EXPANDIR O SEU CONHECIMENTO É FUNDAMENTAL

"Ler envolve muito pensamento. Gostamos de histórias porque elas nos levam a um tempo e lugar que de outra forma não alcançaríamos e podemos ir e voltar entre o tempo e o lugar."

(Susan Greenfield)

Eu, Lucinéia, sou apaixonada por leitura e conhecimento. A leitura é muito enriquecedora e nos leva para o caminho do sucesso. Falo de sucesso pessoal e de autoconhecimento, que são de grande valia para o nosso eu.

Por meio da leitura, podemos entender quais são as nossas crenças limitantes e expandir nossos conhecimentos. O aprendizado adquirido pode ser significativo e mudar nossas atitudes e histórias. Pense nisso!

DIA 26
A BÍBLIA E A FAMÍLIA

Para mim, a Bíblia é um dos livros mais valiosos que existem. Ela é sempre atual e preza pelo valor da família.

A família é o bem mais importante que podemos ter, por isso preze sempre pela sua. No ambiente familiar, podemos ser nós mesmos, enquanto, no mundo lá fora, as pessoas só te elogiam se você for bem-sucedido. Ter uma família amorosa é o nosso grande e maior sucesso!

DIA 27
"O SUCESSO DEMANDA ESFORÇOS, DISCIPLINAS QUE NEM TODOS QUEREM PAGAR O PREÇO."

Nem todas as pessoas estão dispostas a pagar o preço para ter uma vida de sucesso, mas posso te garantir que vale a pena! O verdadeiro sucesso começa dentro da nossa casa, com valores de amor, respeito e empatia, que se iniciam na esfera espiritual e transbordam para a material.

DIA 28
JUNTOS CHEGAMOS MAIS LONGE!

O grande salto para o sucesso é quando entendemos que não somos nada sozinhos e que juntos podemos unir forças e ter grandes ideias. A vida terrena é uma via de mão dupla. Juntos chegaremos mais longe!

DIA 29
OUÇA PESSOAS MAIS EXPERIENTES DO QUE VOCÊ

O sucesso nasce pequeno, apenas como um desejo, mas com esforços e o sonho de vencer, ouvindo pessoas mais experientes que nos servem de exemplo, podemos fazer voos inimagináveis!

DIA 30
BUSQUE SABEDORIA DO ALTO

Nunca desista dos seus sonhos. Persista, busque sabedoria do Alto e, com certeza, o Pai das luzes te orientará em toda a sua caminhada.

DIA 31
O SEGREDO DO SUCESSO É QUE SEMPRE PRECISAMOS UNS DOS OUTROS

O segredo do sucesso é que sempre precisamos uns dos outros — dos conselhos de quem é mais experiente que nós, das orientações do Senhor... Devemos clamar por sabedoria e entender que serão requeridos de nós sacrifícios e renúncias!

Compartilhe suas
impressões de leitura escrevendo para:
contato@autordafe.com.br

www.autordafe.com.br

AUTORDAFÉ